JN100850

新人の
ための

『仕事の
ミスゼロ』
チェック
リスト **50**

藤井美保代 著
株式会社ビジネスプラスサポート 監修

同文舘出版

本書を手に取ってくださった新人の方の中には、新しい環境や未知の世界に歩みを進めることへの期待や不安が入り混じっている方も多くいらっしゃるのではないでしょうか。

特にコロナ禍において、不確実性が高まり、働く環境もどんどん変わっている中では、なおさらだと思います。

私は人財育成プロデューサーとして、人と組織がイキイキ豊かに働けることの実現を目指して、多くの企業で組織活性化や業務の生産性向上支援をしています。

春の時期には、新人研修を担当する機会も多くありますが、配属前の新人が持つ不安は多岐にわたります。「職場で人間関係をうまく築くことができるだろうか」「仕事でミスするのが怖い」「依頼された仕事をサクサクさばいていけるだろうか」などなど。

特に、仕事でミスをすることを、ことのほか恐れている方々が多いことを改めて知り、その不安を少しでも軽減したいと考え、ちょっとの工夫とコツでミスを防げる50の方法を本書に記しました。

「どうすればミスのない仕事ができるのか」は、近年、働く人々の共通の関心事であるとも感じています。この1年でリモートワークが急速に浸透し、中にはワーケーション（旅先

やリゾート地などで、リモートワークと休暇取得を実現すること）に取り組む企業も少しずつ増えてきました。このことにより、終始顔を合わせない職場環境の中で、コミュニケーション不足によるミスが増えたり、気軽に質問ができないことにより、二度手間や手戻りが増えた、という声も耳にします。

　本書では、そういった環境の変化も視野に入れ、“人間はミスをする”という前提に立って、対策法を具体的にお伝えしています。

　目次を見て、目を引いたところから読みはじめても構いません。すべてをいっぺんにやりこなそうとしなくても大丈夫です。

　やってみようと思ったことを、日々の仕事に取り入れてみてください。少しずつ、よき習慣が身についていくはずです。“よき習慣がよき人生につながる”のですから、新人のうちに、そういった習慣を身につけることをおすすめします。続けるコツは、楽しみながら実践することです。

　それでもミスが起きることはありますが、「ミスをする自分はダメな人間だ」と全否定するのではなく、「それはどんなミスで、なぜ起きて、どうすれば同じミスを繰り返さなくても済むのか？」を考え、対策することが大事です。これを継続していくことで、きっとあなたのミスは減っていくことでしょう。

　本書を手元に置いていただき、折に触れ読み返していただけたら、うれしく思います。

新人のための
「仕事のミスゼロ」
チェックリスト50

CONTENTS

はじめに──どうすればミスのない仕事ができるのか

1章 社会人の基本行動を見直すことによるミス防止

Introduction　社会人の3つの基本行動 ……………… 10

01　自分をご機嫌にする工夫を持とう ……………… 12

02　朝は余裕を持って出社しよう ……………… 16

03　朝は元気な挨拶からスタートしよう ……………… 20

04　鞄の中を毎日整理しよう ……………… 24

05　物や道具の準備やメンテナンスをしよう ……………… 28

06　常にメモを取る習慣を持とう ……………… 32

07　「ま、いいか」を口グセにしないようにしよう ……………… 36

2章 ミスを招く前に「気づく力」を高めてミス防止

Introduction　ミス防止は「気づく」ことから ……………… 42

08　相手の言葉の裏にある真意を理解しよう ……………… 44

09　ヒヤリハットに気づいて、再発防止の手を打とう……　48

10　仕事量のムラに気づいたら、平準化しよう …………　52

11　変化の波に乗り、改善提案をしよう ……………………　56

12　ダブルチェックの方法を工夫しよう ………………………　58

13　ミスの根本にある真因を突き止めよう ………………　60

14　「脱パターン化」を仕事の中に取り入れよう ………　62

3 章　仕事の「段取り力」を高めてミス防止

Introduction　今こそ段取りの習慣を身につけるべき時 …　66

15　1日の山場をつくり、ダラダラ仕事をなくそう …………　68

16　終了時間の目標設定をし、達成感を味わおう ………　72

17　前倒し期限を設けてギリギリにならないようにしよう…　76

18　割り込み仕事に振りまわされないようにしよう ………　80

19　「やること」と「やらないこと」を決めよう ……………　84

20　目的を理解した上で仕事に取りかかろう ……………　86

21　　1から考える仕事は2割できたところで
　　上司に確認しよう ……………………………………………　90

22　ゴールから逆算して仕事に取りかかろう ……………　94

4章 「うっかり忘れ」を なくしてミス防止

Introduction　うっかり忘れが信用をなくす……！ ………… 100

23　机の上を戦略基地化しよう …………………………… 102

24　フォルダや書類ボックスで流れを「見える化」しよう　108

25　1日、1週間、1ヶ月の仕事の流れを確認しよう ……… 114

26　自分の動線上にToDoを見える化しよう …………… 116

27　自分に甘い後まわしグセはやめよう ………………… 118

28　上司からの指示を「はきもの」で見える化しよう …… 122

29　メモの二次加工で確実に行動に移そう ……………… 126

5章 顧客対応のミス防止

Introduction　苦手意識を持たずに経験を積む …………… 130

30　聞き間違い防止の復唱確認は必ずしよう …………… 132

31　電話対応時の確認事項を見える化しよう …………… 138

32　情報のありかや探し方を把握しよう ………………… 140

33 クレームは相手の怒りの根っこを理解して対応しよう… 144

34 書類を送る際、わかりにくい箇所に付せんを貼ろう … 148

35 発送時には5つのチェックポイントを確認しよう …… 150

36 メールの確認は時間を決めて定期的にしよう ……… 154

6 章 コミュニケーションを取ることでミス防止

Introduction　チームで情報共有をしよう ……………………… 158

37 情報は抱え込まずに発信しよう ……………………… 160

38 情報を歪曲しないよう正しく伝えよう ……………… 166

39 タイミングのよい「報・連・相」でミスをなくそう …… 169

40 PREP法でわかりやすく伝えよう …………………… 175

41 自分の思い込みによるミスをなくそう ……………… 179

42 ヒヤリハットは早めに報告しよう ………………… 181

43 上司のスケジュールを把握しよう ………………… 183

7章 「見える化」でミス防止

Introduction 「業務の見える化」でヌケモレをなくす …… 186

44 「気づく→わかる→できる」ように見える化しよう…… 188

45 毎日、毎週、毎月、毎年の定型業務を見える化しよう … 192

46 仕事の進捗を見える化しよう ……………………… 196

47 仕事の出来栄え基準を見える化しよう ……………… 198

48 業務の全体像を見える化しよう ……………………… 202

49 退社時間を見える化して残業をなくそう ……………… 206

50 「集中タイム」を見える化しよう ……………………… 210

おわりに

カバーデザイン　池田香奈子
本文デザイン　　松好那名(matt's work)
編集協力　　　　前田はるみ

1章

社会人の基本行動を
見直すことによる
ミス防止

社会人の3つの基本行動

　学生時代は大丈夫だったことが、社会人になるとそれが通用せず、仕事でのミスやトラブルに発展することがあります。

　例えば、寝坊してしまった朝、朝食もとらずに慌てて電車に飛び乗り、始業時間ギリギリセーフで滑り込む。社会人になっても朝に余裕がない習慣を続けていると、出社時間には間に合ったとしても、気持ちの焦りが仕事に影響して、うっかりミスを引き起こしてしまいます。

　あるいは、「人付き合いは面倒だから、できるだけ人とは関わりたくない」という態度も、学生なら許されたかもしれません。しかし、職場で挨拶もせず、まわりとの人間関係を避けていると、わからないことを質問したくても気軽に聞ける人が見つからず、仕事に支障が出て、ミスにつながるかもしれません。仕事を覚えることはもちろんですが、まずは社会人としての基本行動を身につけることが大切です。

　社会人の基本行動とは、次の3つです。

①場を清める（整理整頓）

②時を守る（時間厳守）

③挨拶を徹底する（コミュニケーション）

　どれも、社会生活では当たり前のことですが、この当たり前のことができているかどうかで、仕事の質やスピードが変わってくるのです。

　例えば、机の上が散らかっていれば、大事な書類を失くし

たり、必要な時に必要なものがすぐに取り出せなかったりします。時間や納期が守られなければ、相手の信頼を損ないます。仕事はチームで行なうため、職場でのコミュニケーション不足はお互いの誤解を生みます。これらはすべて、ミスにつながります。まずは自分の身のまわりのことを整え、心と体を整えた状態で仕事に向き合う習慣をつけましょう。

そしてもうひとつ、新入社員にとって大事なことは、「**基本を守る**」ことです。

茶道や武道などで、修業の段階を示す「守破離」という言葉を聞いたことがある人もいるでしょう。「守」では、師の教えを忠実に守り、基本の型を身につけます。そして、基本を守りながら、自らの創意工夫で技を発展させていくのが「破」の段階。さらに「離」になると、独自の道を究めていきます。

新人の皆さんは、守破離の「守」からスタートします。つまり、上司や先輩に教わった通りにやってみること。マニュアルや手順書があるなら、まずはそれを忠実にやってみることです。

中には、「もっと自分らしさを出したい」と思う人もいるかもしれません。しかし、我流を急ぐよりも、基本をしっかり習得するほうが、まわりの信頼を勝ち得て一人前と認められるには近道なのです。本章では、身につけるべき基本行動を具体的にお伝えします。

01

自分をご機嫌にする
工夫を持とう

心を整えることがミスのない仕事の土台

　見出しを読んで、「仕事をするのに自分をご機嫌にする必要があるの？」と疑問に思った人もいるかもしれません。機嫌がよくても悪くても、仕事は待ってはくれません。だったら、自分の機嫌がどうかなど関係ないのではないか――。

　それが、大いに関係あるのです。

　例えば、前日の夜に友人と口論になってしまい、仕事中もそのことが気になっているとします。

　ムシャクシャした気持ちを引きずっていると、「心ここにあらず」の状態になります。「この資料、午前中にＡ社の担当者にメールで送っておいて」と上司に指示され、「はい。わかりました」と返事したものの、前日の喧嘩を思い出すと「なんであんな言われ方をされなきゃいけないんだ!?」と怒りがぶり返してきます。そうこうして、怒りに気を取られているうちに、資料をメールするのをうっかり忘れてしまうかもしれません。

　たかが資料の送信忘れ、と思うかもしれませんが、それでは済まされない事態も考えられます。もし、Ａ社の午後の

重要会議でその資料が使われるはずだったとしたら、メールのうっかり忘れが、会社の信頼を損ねる大事件に発展しかねません。

あるいは、こんなケースも考えられます。

仕事でわからないことがあるのに、「今日は気分が乗らないから、あまり人とは話したくない」といって、上司に相談せず放置しておいた。そうしたら、うっかり締め切り期限を過ぎてしまった、という事態も起こり得ます。

人間だから当然、モヤモヤしたり、イライラしたりすることはあるでしょう。しかし、心が乱れた状態で仕事に取りかかると、うっかりミスの原因になります。

まずは、イライラした感情をリセットし、自分をご機嫌な状態にすることからはじめましょう。心を整えることが、すなわちミスのない仕事をするための土台になるのです。

深呼吸のススメ

では、自分の気持ちをマイナスからゼロへ、ゼロからプラスへと転換し、いつでもご機嫌に仕事ができるようにするにはどうすればいいのでしょうか。

イライラした感情にのみこまれないためには、深呼吸が効果的です。「なんだかイライラしてるな」と感じたら、いっ

たん仕事の手を止めて、深呼吸しましょう。そうするだけで、随分と気持ちが落ち着くことに気づくはずです。

　深呼吸は、吸うよりも、**吐くことを意識する**のがコツです。フーッと口から息を吐きながら、イライラやモヤモヤも体の外へ吐き出すイメージで行ないます。

　デスクワークが続くと、つい猫背になりがちです。うつむき加減で仕事をしていると、視野も狭くなり、気持ちも後ろ向きになりがちです。

　そんな時は、**立ち上がって、すっと背筋を伸ばしてみましょう**。立ち上がることで、見える景色が変わります。

　また、背筋を伸ばせば胸のまわりが広がり、新しい空気が体内に入ってきて、気持ちが軽やかになります。姿勢は心につながっていますから、姿勢を正すだけで、気持ちが前向きになります。簡単にできるので、ぜひ試してみてください。

　簡単に気分を変える方法としては、**顔の表情を動かしてみ**るのも効果的です。鬱々とした気分の時は、無意識のうちに口角が下がって、いかにも不機嫌そうな表情になっていることが多いものです。

　デスクの上に小さな鏡を置いておき、鏡に向かって口角をキュッと上げてみます。**無理矢理にでも笑顔をつくってみる**と、不思議なことに、心も楽しい気分になってきます。口角

を上げることで、「自分は今、笑っている」と脳が勘違いし、「自分は今、楽しい気分だ」という信号を送るからだと言われています。

　営業や電話対応など顧客対応に携わる人は、お客様と向き合う前に、鏡に向かって口角を上げてみてください。表情が笑顔になるのはもちろん、声もはつらつとしてきて、お客様に好印象を与えることができるでしょう。

　ここで紹介した方法は、どれもちょっとした体の動きを取り入れるだけでいいので、今すぐ取り組めます。行動を切り替えることで、イライラやモヤモヤをリセットして、ご機嫌な状態で仕事に取りかかりましょう。

■ 気持ちをリセットしよう

02

朝は余裕を持って
出社しよう

始業前20分が効く

その日1日をご機嫌な状態で過ごせるかどうかは、朝の時間の過ごし方で決まってしまうと言っても過言ではありません。

カギを握るのは、始業前の20分です。この20分をどのように過ごすかが、その日1日の心の状態や、仕事のパフォーマンスに大きく影響します。

始業前20分というと、急いで会社に向かっている最中の人が多いかもしれません。始業時間ギリギリに出社する人が、どのように朝の時間を使っているかというと、おそらくこんな感じではないでしょうか。

家を出るのはいつもギリギリ。電車の乗り継ぎが1本でも遅れると間に合わないので、少しの遅れも気が気ではありません。駆け込みセーフで自分の席に着いた時には、どっと疲れが押し寄せていることでしょう。

まわりの上司や先輩がすでに仕事をはじめているのを見て、自分も慌ててパソコンを開きます。しかし、まだ仕事に慣れていない上に、息が上がった状態なので、何をすべきか落ち着いて考えることができません——。

この状態では、ミスも起きやすいのではないでしょうか。

「始業時間に間に合えばいい」という考え方では、ご機嫌な状態で１日のスタートを切ることができません。その結果、その日１日の調子が上がらず、仕事でミスが多くなり、スムーズに仕事を進めることができなくなります。

社会人になったら、仕事をはじめる前に自分の心や体の状態を整えることも意識したいものです。特に電車で通勤する人は、通勤ラッシュで疲れた体と心をリセットし、ご機嫌な自分を取り戻すための時間が必要です。

自分だけのルーティンを見つけよう

そこで新たな習慣として、朝は余裕を持って出社するようにしてはいかがでしょうか。出社時間の目安は、始業の15分から20分前です。

20分も早く来て何をするの？　と疑問に思うかもしれません。何をするかはあなた次第です。仕事前に心を落ち着け、気分を盛り上げ、**仕事モードに入っていくための自分のルーティンを見つけてみてはどうでしょうか。**

例えば、自分のためにおいしいコーヒーを淹れて、自分をもてなすのもいいでしょう。コーヒーをじっくりと味わい、まずは一息つきます。その間に、首をまわしたり、肩甲骨を動か

したり、簡単なストレッチをすれば体の緊張がほぐれます。

　また、朝のうちにやっておくとよいのは、**その日1日の仕事の流れをイメージすること**です。「今日すべき仕事は何だったかな」とスケジュールを確認し、やりかけの仕事があるなら、「これは明日が提出期限だから、今日中にある程度仕上げておいたほうがいいな」と自分なりの締め切りを設定します。このように、その日の仕事の全体像をあらかじめ把握しておけば、やるべきことに焦らず取り組むことができます。

　自分の仕事の流れを確認したら、次に**上司や先輩、チームメンバーのスケジュールも確認**しておくとよいでしょう。
　仕事はチームで連携して行なうものですし、特に新人のうちは、わからないことはまわりの人に聞きながら進めていくことになります。メンバー全員のスケジュールを覚える必要はありませんが、「課長は午後から会議で席にいないから、課長に相談するなら午前中だな」とか、「あの先輩は今日1日研修でいないんだな」などと、ざっくりと把握しておくと、その日の仕事が進めやすくなります。

　コーヒーで自分をもてなし、仕事の流れをシミュレーションしているうちに、仕事に向かう気持ちが高まっていきます。仕事がはじまると同時に、ご機嫌な状態で最高のスター

トダッシュが切れるというわけです。

リモートワークでも始業前が肝

リモートワークでも考え方は同じで、仕事をはじめる20分くらい前から心と体の状態を整えていきます。

9時に朝礼やオンラインミーティングがはじまるなら、8時40分頃から、心と体をウォーミングアップし、1日の大体の流れをシミュレーションします。そして、5分前にログインして、さわやかな挨拶を通して音声や画像をチェックします。

はじめのうちは、朝に余裕のある日もあれば、寝坊してしまう日もあるでしょう。このように日によって波があると、自分のペースをつかみにくく、集中力に欠け、仕事に慣れるのにも時間がかかります。自分のペースを早くつかむためにも、20分前出社を習慣にして、毎日の心の状態を安定させていきましょう。

まずは3日間、続けてみることをおすすめします。3日続いたら、3週間、3ヶ月間と期間を延ばしていきます。3ヶ月間続けば、習慣化できたも同然です。

社会人のスタート段階で、どれだけよい習慣を身につけられたかによって、その後の社会人人生が決まります。「朝余裕を持って出社する」という習慣を身につけることがその第一歩となるでしょう。

03

朝は元気な挨拶から
スタートしよう

新人に期待される挨拶とは?

　上司や先輩が新入社員に一番期待することは何だと思いますか?

　それは、元気な挨拶です。

「おはようございます!」

「今日もよろしくお願いします!」

　新入社員の元気な挨拶は、マンネリに陥りがちな職場に新しい風を呼び込み、職場の雰囲気を明るくしてくれます。上司や先輩たちは、それを期待しているのです。

　新入社員は仕事を教えてもらう立場だから、「自分は何もわからない」「教えてもらうばかりで、何もお返しできることがない」と思っているかもしれません。

　でも、そんなことはありません。新入社員のあなたがまわりに与えられることのひとつが、元気な挨拶なのです。

挨拶は自分のためにもなる

　元気な挨拶は、まわりにいい影響を与えるだけでなく、実はあなた自身のためでもあります。あなたの元気な声を一番

近くで聞いているのは、あなた自身の細胞です。元気な挨拶は、あなた自身へのエネルギーチャージになります。

　また、元気な挨拶を続けていると、「いつも元気で気持ちがいいね」「あなたがいてくれるだけで職場が明るくなるよ。ありがとう」と**まわりから声をかけられる**機会も増えます。つまり、職場の上司や先輩とコミュニケーションが取りやすくなるのです。

　このことが、新入社員であるあなたにはとても重要です。

　普段から挨拶を交わし合う人がいれば、仕事でわからないことや困ったことがあった時、気軽に質問や相談ができます。不明点や疑問点を放置しておくとミスにつながりますから、疑問やわからないことがあった時に、すぐにサポートを求められる人がいるかどうかが、あなたの仕事の質を大きく左右するのです。

　業務マニュアルを見れば、不明点や疑問点はある程度解消されるかもしれません。かといって、マニュアルを見れば、仕事のすべてが理解できるわけでもありません。

　仕事には、マニュアルには載っていない暗黙のルールや不文律が存在します。しかも、明文化されていないことが、実は大事なことだったりするのです。

　例えば、来客に飲み物をお出しする場面でも、「A 社の誰々さんには常温の水」とか、「B 社の誰々さんには、夏で

も熱いお茶」のように、お客様の好みに応じた対応があります。

　こうした暗黙のルールは、マニュアルに明文化されることなく普段のコミュニケーションの中で、口頭で伝えられることがほとんどです。

　元気な挨拶をきっかけに、上司や先輩とコミュニケーションを取り、どんどん自分から情報を吸収しましょう。

横の関係＝他部署の人たちにも挨拶をしよう

　自部門の人たちだけでなく、他部門の人にも積極的に挨拶して、あなたの顔を覚えてもらいましょう。雑談を交わせる間柄の人が増えると、いざ彼らの知恵を借りたい時に、力になってもらえる可能性があるので、仕事がやりやすくなります。

　新人のうちは、やり方の決まった定型業務や単純作業など、自分ひとりで完結する仕事が中心になります。しかし、将来、チームで仕事をしたり、他部門の協力を得たり、部署横断のプロジェクトに参加したりする機会が増えていくでしょう。

　その時、他部門に顔見知りの人がいれば、協力を得やすいですし、一から人間関係を築くよりもスピーディにプロジェクトを波に乗せることができます。

　自部門の上司や先輩との関係を「縦の関係」、他部門の人たちとの関係を「横の関係」と呼びます。縦の関係を編むだ

けでなく、横の関係も編んでいきましょう。**縦と横のネット**
ワークは、後に必ずやあなたの財産になるはずです。

「自分は元気な挨拶をするキャラじゃないし、恥ずかしい
……」

　そのように考えて、躊躇する人もいるかもしれませんが、
社会人として新しい環境に飛び込む今だからこそ、新しい習
慣にもチャレンジするタイミング、と考えてみてはどうで
しょうか。

　挨拶は誰でもできますし、誰に対してもできます。スキル
も知識も必要ありません。強面で怖そうな人や、普段なら話
しかけるのをためらうような人に対しても、挨拶をして嫌が
られることはありません。

　挨拶は最強のコミュニケーションツールです。自分から進
んで挨拶していけば、いろいろな人とのつながりができ、そ
れが仕事を覚え、ミスなく仕事を進める上で大きな助けにな
ります。

　そのような好循環を、あなた起点でつくっていきましょう。

04

鞄の中を毎日
整理しよう

▍鞄は「移動デスク」

中身がきちんと整理されていない鞄は、忘れものを生む原因になります。

特に、営業職など外まわりの仕事の場合、客先や取引先での商談や打ち合わせに必要なものを鞄に入れて持ち運ぶわけですから、鞄はちょっとした「移動デスク」です。お客様に渡す大事な書類や商品サンプルのほかにも、携帯電話やタブレット端末、筆記用具、財布など、いろいろなものが鞄の中には入っています。

これらのものが乱雑に詰め込まれていると、いったい何が入っているのかを把握することすら困難です。うっかり入れ忘れたものがあったとしても、気づきにくいでしょう。

また、整理されていない鞄は、必要なものを必要なタイミングで取り出すことができません。

例えば、打ち合わせ内容をメモするためにノートとペンを取り出そうとしたものの、すぐに見つけられず、お客様の目の前でゴソゴソと探す羽目になります。あるいは、ようやく

取り出した大事な書類が折れ曲がっていた……、ということも起きます。

　それを見たお客様は、きっとこう思うでしょう。
「この人に任せて大丈夫だろうか」
「私がサインした書類もこの鞄の中にぐちゃっと入れられてしまうのだろうな」

　忘れものは言うに及ばず、必要なものの出し入れにもたついてしまうと、あなたの印象が悪くなるばかりか、あなたの仕事ぶりに疑問を持たれてしまうこともあるのです。

　意外なほど人は鞄の中を見ています。そして、「この人は忘れものをしそうだな」「この人は仕事ができそうだな」などと、あなたの知らぬうちに評価されているのです。

基本は定置管理

　では、鞄の中が整理された状態とは、いったいどのような状態を指すのでしょうか。

　鞄の中に限らず、**整理整頓の基本は「ものの置き場所を決める」**ことです。「ペンはここ」「タブレット端末はここ」と決められた場所にいつも収納されている状態が「整理された」状態です。

　ものがいつも定位置にあれば、必要な時にすぐに取り出せます。また、足りないものがあれば、すぐに気づきます。このように、ものの置き場所を決めて管理することを「定置管

理」と呼びます。

　鞄の中で定置管理を実践するには、仕切りのある鞄を選ぶのがコツです。最近はざっくりと荷物を入れられるトートバッグを愛用する人もいますが、ある程度仕切りのある鞄のほうが整理はしやすくなります。トートバッグを使う場合は、サブバッグ（バッグインバッグ）を活用すれば、中の荷物を仕分けることができます。

毎日、中身を取り出して仕分けをする

　鞄の中の定置管理ができたら、次にやるべきことは、**毎日鞄の中身を全部取り出す**ことです。営業先から会社に戻ったら、携帯電話から、定期、財布、名刺入れ、ペン、手帳、タブレット端末類、ハンカチ、ティッシュまですべてのものを取り出し、鞄の中をいったん空にします。そして、翌日に改めて必要なものを入れ直します。

　いったん全部取り出すのは、**必要なものとそうでないものを仕分け、書類など処理の必要なものを次のアクションにつなげるため**です。

　鞄は「移動デスク」と書きましたが、客先で商談や打ち合わせをした後の鞄には、お客様から預かった大事な書類や、打ち合わせ内容を記録したメモ、経費精算すべき領収書などが入っています。毎日欠かさず鞄の中身を取り出し、重要な書類やメモ、領収書などを鞄の中に入れたまま忘れることの

ないようにしましょう。

　お客様からの大事な書類は、次の行程を考え、処理担当者に届けます。打ち合わせのメモは、「やるべきこと」に落とし込んで、手帳やToDoアプリに転記します。領収書は速やかに処理するか、ファイルに入れて管理します。鞄の中にA5サイズのチャックつきの透明ファイルを入れておいて、財布ではなくファイルに直接収納しておけば、処理忘れを防ぐことができます。

　このように、鞄の中に書類や情報を溜め込まず、**次のアクションにスムーズにつなげることが重要**です。

　鞄からすべてのものを取り出したついでに、捨て忘れた飴やガムの包装紙など、小さなゴミも処分しましょう。

　最後に、筆記用具や名刺などいつも使うものを鞄に戻します。ペンのインクが切れていれば取り替え、スマートフォンを充電して、名刺を補充します。

　このように、鞄は毎日空っぽにする習慣をつけることがおすすめです。鞄の中を毎日リセットして、何が入っているかを把握しながら、必要なものだけが入っている状態を維持します。そうすることで、あなたの「移動デスク」の環境が整えられ、ミスのない仕事につながります。

05

物や道具の準備や
メンテナンスをしよう

物や道具は仕事のミスに関係する

物や道具の状態が悪いためにミスが起きることもあります。

例えば、**ボールペンのインク切れ**。たかがボールペンのインク切れと思うかもしれませんが、とっさにメモしたい時にボールペンのインクが切れていたら、どんな不都合が起きるかイメージしてみてください。記憶に頼ろうとして、うろ覚えになり、それが仕事のミスにつながらないとも限りません。

他にも、**芯が切れたホチキス、切れの悪いハサミ、メモパッドの用紙切れ**など、必要な時に道具がすぐに使えなければ、仕事が中断したり、適切な対応ができなかったりと、仕事に支障をきたすことになります。それがミスを招いてしまうのです。

道具の状態は定期的に点検し、古くなったら新しいものに替える、予備がなければ調達するなどして、使いたい時にすぐに使える状態にしておく必要があります。

道具の点検を習慣化するために、「**月曜の朝は道具をメンテナンスする時間**」のように、あらかじめスケジュールに組み込んでおくとよいでしょう。

パソコンやスマホも同じ考え方

同じく、パソコンやスマートフォン、タブレットなども仕事には欠かせない道具です。これらデジタル機器のメンテナンスも忘れずに行ないたいものです。

デジタル機器を外で使う機会が多い人は、**事前にしっかりと充電しておく**ことが大切です。

そしてもうひとつ、**デスクトップのファイル整理**もミスゼロには欠かせないメンテナンスです。

ファイル整理の不備が招いた私の失敗談です。お客様とのオンライン会議中、資料を画面で共有しようとして、古いバージョンのファイルを開いてしまいました。「これじゃない」と慌てて最新版を探すのですが、焦って見つけられず、随分とお客様をお待たせしてしまったのです。

オンライン会議では、データを画面共有する機会も増えます。ファイルを速やかに取り出せずに相手を待たせてしまっては、いい印象を与えません。会議の流れを妨げないようサッと取り出せるのが理想です。

最新版と古いバージョンの混同を避けるには、**ファイル更新のたびに古いバージョンを削除する**のが確実な方法です。更新履歴を残したいのなら、古いバージョンは別フォルダに入れ、「古いバージョン」であることがわかるように管理します。

必要なファイルをサッと取り出せないのは、デスクトップにファイルやフォルダが散乱して、すぐに見つけられないことも原因です。

　デスクトップのファイル管理にも、前項で紹介した「定置管理」の考え方を取り入れます。定置管理とは、「ものを置く場所を決めて、その場所で管理する」ことでしたね。

　鞄の仕切りに相当するのが、デスクトップではフォルダです。フォルダを活用し、「どのファイルをどのフォルダに入れる（分類する）」というルールをつくり、ルールに沿ってファイルを管理すれば、「ファイルがどこにあるかわからない」という事態を避けることができます（ファイルの分類方法については、108ページ参照）。

備品管理の上手な工夫

　新入社員の仕事として、コピー用紙など会社の備品管理を任されることもあるでしょう。毎日在庫を確認するのは手間ですし、発注を忘れて在庫切れになれば、必要なタイミングで備品が使えず、仕事が滞ってしまいます。備品を効率的に管理できるよい方法はないものでしょうか。

　ある若手社員が、コピー用紙の効果的な管理方法を教えてくれました。彼は、コピー用紙の在庫が一定量よりも減ったら、発注担当者である自分に一言声をかけてもらえるよう工夫していました。また、発注の重複を避けるために、「発注

中」の表示も提示しています。

　このように、状況を可視化することを「見える化」と言います。在庫状況や発注状況を見える化することで、自分が毎日在庫の確認をしなくても、**まわりの人がおのずと協力してくれる状況をつくっているのです。**

　柔軟な思考が得意な若手社員ならではのアイデアではないでしょうか。こうしたアイデアは、ぜひどんどん提案していただきたいと思います。これまでのやり方を変えてしまっていいのだろうか、と遠慮する必要はありません。よりムダなく効率的に行なうための改善なら、従来のやり方に捉われず、斬新なアイデアで変えていくことは大歓迎でしょう。どんな方法ならよりよく改善できるだろうかと、ゲーム感覚で楽しみながら取り組んでみてください。

■コピー用紙の管理法

06

常にメモを取る
習慣を持とう

自分の記憶力を過信しない

記憶力に自信がある若い方は多いのではないでしょうか。

記憶力に自信がある人ほど、仕事でミスが少ない印象があるかもしれませんが、実は記憶力に自信のある人ほど仕事でミスをしやすいとも言われているのです。

あなたは、「エビングハウスの忘却曲線」という理論をご存じですか？　人は一度記憶したことをどのくらいのスピードで忘れるのかを実験し、理論にまとめたものです。それによると、20分後には42％も忘れてしまい、さらに一晩経てば、なんと74％のことを忘れてしまうそうです。人間がいかに忘れっぽい生き物であるかがわかりますね。

そんな"忘れっぽい"人間が、自分の記憶だけを頼りに仕事をしようとすれば、ミスを招いてしまうのも当たり前です。

例えば、「明日までにこの資料を○○さんにメールしておいて」と上司に口頭で指示されたとします。「あとで忘れずにメールしよう」と思っていても、目の前の仕事に集中したり、別の仕事を頼まれたりするうちに、うっかり忘れてしま

うことがあります。

　新人には、ただでさえ覚えなければならない仕事がたくさんあります。自分の記憶を過信していると、うっかり忘れて、ミスにつながりかねません。

記憶に頼らず、記録する

　うっかり忘れを防ぎ、ヌケモレなく仕事をするには、常にメモを取ることが大切です。**記憶に頼らず、記録する**。これは、私が新入社員研修でいつも最初にお伝えしていることです。

　ここからは、メモに使うツール選びやメモの取り方のコツを説明しましょう。

　まず、メモするためのツール選びですが、必要な時にサッと取り出せて、すぐにメモできるものがいいでしょう。ポケットサイズのメモ帳なら、常に携帯でき、指示を受けたその場でメモできるのでおすすめです。

　スマホのメモ機能を活用している若い人も多いでしょうが、古い体質の職場では注意が必要です。「仕事中に携帯をいじるのはいかがなものか」と眉をひそめる人も、まだまだ多いからです。

　どのツールを選ぶのかは、会社の雰囲気や、商談や打ち合わせで面会するお客様への印象も考慮して、上司や先輩の意見も聞きながら決めるとよいでしょう。「スマホのメモ機能

を使ってメモを取るのは、違和感を覚えられますか？」と率直に質問すれば、その会社に適した方法をアドバイスしてくれるはずです。

メモは一元化がコツ

　メモに関する困り事で多いのが、「どこにメモしたかわからなくなる」というものです。メモした記憶はあるけれど、どこにメモしたか忘れてしまい、メモした内容を確認できずに、仕事のミスにつながってしまうのです。

　メモした内容を見失わないためには、メモはどれかひとつのツールに一元化することが大事です。

　例えば、ノートを使うと決めたなら、メモはすべて1冊のノートにまとめます。1冊にまとめておけば、「大事なことはすべてこの1冊に書いてある」という安心感があります。

　今は、アナログでもデジタルでも、実にいろいろなメモツールが存在します。テーマや用途ごとに複数のノートに分けたり、アナログとデジタルを併用したりすると、「あれ。どこにメモしたかな？」とわからなくなり、うっかり忘れや仕事のヌケモレにつながるので、避けるのが賢明です。

メモの内容がものを言う

　最後に、「何をメモするのか」です。
　新人がメモするべき内容は、上司からの指示と、それを

「自分のやるべきこと」に落とし込んだ ToDo です。やるべきこととは、「何のため」（目的）、「いつまでに」（納期）、「どのように」（出来栄え基準）を明らかにすることです。

他にも、**書類の書き方やシステムのオペレーションなど、業務の流れや作業手順も**メモしておくと安心です。**特に、手順書やマニュアルが整備されておらず、口頭で説明される場合は、しっかりメモする必要があります。**そのメモを確認しながら作業を進めることで、ミスを減らすことができます。

また、21ページで述べたように、先輩から後輩へ受け継がれていく来客対応に関する情報もメモしておきたいところです。お客様のニーズを汲み取った対応ができれば、「気が利くね、ありがとう」と感謝され、あなたのモチベーションアップにもつながります。言語化されていない暗黙知レベルの情報もメモに取り、仕事で実践していけるとよいですね。

最後に。メモを取ったら、それで終わりではありません。**メモしたことは、確実に実践につなげていかなければ、メモを取った意味がありません。**

メモを次のアクションにつなげるための工夫は、126ページで詳しく解説します。

「ま、いいか」を口グセに
しないようにしよう

「ま、いいか」が招く最悪の事態

よくあるミスのタイプに、"**自分勝手な判断によって起きるミス**"があります。

自分勝手な判断をしがちかどうかは、「ま、いいか」という口グセに表われる場合があります。あなたは、「ま、いいか」を頻繁に発していませんか?

実際にこんな話を聞きました。

ある食品のライン工場で働いていた作業員の男性が、小さな部品が床に落ちているのを見つけました。「これ何だろう?」と気になりましたが、別の持ち場に移動しなければならなかったので、「ま、いいか。あとで報告しよう」と思って、その部品を作業着のポケットに入れて、その場を離れました。

しばらくして戻ってみると、みんなが大騒ぎしています。何があったかと尋ねると、「機械の部品がなくなっていて、食品への混入が疑われるから、機械を止めて調べている」というではありませんか。

「あ、それなら僕が持ってますよ」と男性が言うと、「なぜそれを早く言わなかったんだ！」とひどく叱られたそうです。

男性が「ま、いいか」と自分の勝手な判断で報告を遅らせたために、まわりの人の手を止め、機械を止め、部品を大捜索するという騒ぎを引き起こしてしまいました。

最悪の場合、そのラインで製造した食品をすべて破棄しなくてはならなくなり、会社へ大きな損害を与える事態に発展していたかもしれません。

学生の頃は、「ま、いいか」で許されたことも多いかもしれません。しかし、仕事ではそうはいきません。なぜなら、仕事には必ず責任が伴うからです。

仕事において発生する責任には、**「顧客」「品質」「原価」「納期」「改善」の５つに対する責任**があります。すなわち、「顧客のニーズに対して最善を尽くす」「品質を高める」「原価を適正に抑える」「納期を守る」「改善に努める」という責任です。

あなたはこれから、この５つの責任を意識しながら仕事に取り組んでいくわけですが、そこで最初の障壁となるのが、「ま、いいか」という気持ちの持ち方なのです。

例えば、お客様に「今日中に連絡してほしい」と言われて

いたのに、うっかり忘れて会社を出てしまったとします。「もう遅いから先方も帰ってしまったかもしれない。明日でもいいか」と勝手な判断で放置しておいたら、連絡をずっと待っていたお客様に迷惑をかけることになるでしょう。

他にも、「この表、わかりにくいけど、わざわざ直さなくてもいいか」（品質意識の欠如）、「コピー1枚くらい大したことないか」（原価意識の欠如）、「1日くらい遅れても大丈夫だろう」（納期意識の欠如）、「このやり方だと効率が悪いけど、このままでいいや」（改善意識の欠如）など、「ま、いいか」で仕事をしていると、**仕事はどんどんいい加減になり、取り返しのつかないミスやトラブルに発展していきます。**

基本行動の徹底が自分の成長にもなる

どんな業務にも、基本となる手順やルール、「出来栄え基準」があります。出来栄え基準とは、その仕事の完成形のイメージであり、その仕事で求められる品質に関わることです。

「ま、いいか」によるミスをなくすには、自分の勝手な判断で手を抜かず、これらの**基本を忠実に守る**ことが大切です。

例えば、新入社員に課されることの多い業務日誌。会社ごとに、「800文字程度で、計画に対してどの程度できたかを検証・評価し、改善策をまとめなさい」のように、書き方の

ルールが定められているはずです。それを無視して、「800 文字も書くのは面倒だから、200 文字くらいでもいいか」と勝手な判断で手を抜くことは、あなたの成長の妨げになるでしょう。

　文字数が指定されている背景には、例えば「PDCA（※）のマネジメントサイクルに沿って、1 日を丁寧に言語化し振り返ることで習慣化するため」といった狙いが必ずあるはずです（※ PDCA とは、Plan（計画）・Do（実行）・Check（評価）・Action（改善）を繰り返すことで持続的に業務改善していくこと）。「800 文字も書く必要あるのかな」と自分で勝手に判断する前に、その文字数が設定されている意図を汲み取り、ルールを守ることを心がけましょう。

　このように、基本を忠実に守ることは、仕事でミスをしないだけでなく、1 日も早く一人前のビジネスパーソンに成長するためにも大切なことなのです。

　もし、基本となる手順やルール、出来栄え基準、納期などが示されていなければ、上司や先輩に確認しましょう。

　まずは、自分が「ま、いいか」で仕事をしていないか、自分自身を振り返ってみてください。自分にはその傾向があるな、と思ったら、基本行動の徹底をより意識しながら仕事に取り組んでいきましょう。

2 章

ミスを招く前に
「気づく力」を高めて
ミス防止

ミス防止は「気づく」ことから

　初めて取り組む仕事で勝手がよくわからない時は、誰だってミスをしがちです。

　ですが、**仕事への向き合い方によって、その後も同じようなミスを繰り返す人と、ミスを減らしていける人に分かれていきます。**その違いは何だと思いますか？

　それは、展開を想像する力。さらに、「このやり方を続けていると、いずれミスにつながるかもしれない」と予知・認識することができるかどうか。この「気づく力」を高めていくことが重要なのです。

　例えば、社外秘のデータを誤って取引先にメールしようとしていたことに、間一髪のところで気づいたとします。その時に、「気づいてラッキー！」と**軽いノリで終わらせてしまう**のか、「わぁ、危ない！　情報漏洩につながるところだった。大問題になる寸前」と、**ことの重大さを深刻に受け止めることができるのか**。その差が、その後の対応に大きく影響するのです。

　「気づいてラッキー」で終わらせてしまう人は、これがいずれ重大なミスを引き起こすかもしれないとは認識していません。その後も、自分の行動を見直さずに同じやり方を続けていれば、いずれ情報漏洩という重大なミスを招くでしょう。

　また、ことの重大さを認識するだけでは不十分です。「自分の行動にはミスにつながる不備がある」と気づいたなら、

行動を見直し、ミス防止のための対策を講じることが大切です。

　これは、ミスしてしまった場合も同じです。誰もがミスを認めたくないものですが、ミスした事実にしっかりと向き合わなければ、ミスは繰り返されます。ミスの原因を見極めた上で再発防止策を講じてはじめて、同じミスが繰り返されるのを防ぐことができるのです。

　職場で起こりがちなミスには、うっかり忘れや勘違いによるミスなど、いくつかのパターンが存在します。あらゆるミスに対して、未然に防ぐ手立てが必要です。

　人間は完璧ではありません。放っておけば、ミスをする生き物です。その前提に立った上で、よく起こるミスに対しては、ミスを未然に防ぐための対策を行なうことが大切なのです。

　以上をまとめると、まずミスの兆候に気づくことが最初のステップ。そして、よく起きるミスに対しては未然防止策、起きてしまったミスについては再発防止策のアプローチでミスの芽を潰していきます。「気づき」と「対策」の2つの観点から、ミスをなくす工夫やしかけを日々の仕事の中に取り込んでいきましょう。

08

相手の言葉の裏にある
真意を理解しよう

▌言葉だけでは汲み取れないことがある

　相手の真意をうまく汲み取れずに、間違った解釈で行動してしまうと、ミスにつながることがあります。

　例えば、次のような場面です。

　営業担当者がお客様に対してサービスの提案を行なっています。「このような内容でいかがでしょうか」と尋ねると、お客様は「わかりました」と返事したものの、営業担当者からすっと視線を逸らしました。

　このお客様の態度には、どのようなメッセージが隠されているのでしょうか。

　もしかしたら、お客様はサービス内容に心から納得しているわけではないのかもしれません。あるいは、社内の同意を得られるかどうかを心配しているのかもしれません。

　お客様が発するサインを見逃して話を進めてしまうと、あとで「やっぱりこの条件では契約できません」と難色を示されたり、「もっとこうしてほしい」とまったく別の要求をされたりして、提案をやり直す羽目になるかもしれません。

　言葉では「イエス」でも、心では「ノー」のこともあります。相手の言葉を表面的に捉えるだけでは、相手の真意をつかむことは難しいのです。

　ただし、相手の真意が別にあるからといって、相手が故意に嘘をついているわけでもないでしょう。**つい言いそびれたとか、「それくらい言わなくても察してほしい」といった気持ちから、あえて言葉にしないこともよくあります。**相手の言葉だけでなく、相手の様子も注意深く観察して、言葉の裏にあるメッセージを汲み取る必要があるのです。

相手を観察してみる

「声なき声」は、**相手の表情や態度、語調や抑揚**などに表われます。相手の真意を間違って解釈しないためにも、相手の様子を注意深く観察しましょう。

　目を逸らす、目が泳ぐ、表情が曇る、急に早口になる、かたく腕組みをするなどのサインがあれば、言葉と本心が違う可能性があります。まずは、そこに気づけるかどうかです。

　そして、相手の様子が変だなと気づいたら、相手の真意を言葉で確認することが大切です。

「これまでのお話をまとめますと、こういうことでよろしいでしょうか」

「こちらの理解に齟齬はありませんでしょうか」

「他に私が把握しておくべきことはありますでしょうか」

質問して確認することでしか、相手の真意と自分の理解の
ギャップを埋めていくことはできません。

　相手のことを理解したいという気持ちは、相手に必ず伝わ
ります。相手の真意を確かめる作業を億劫がらずに続けてい
けば、相手の心が開いて、真意を引き出しやすくなるでしょ
う。

オンライン、マスク……、デメリットを乗り越えよう

　会議や打ち合わせ、商談など、あらゆるコミュニケーショ
ンのオンライン化が進む昨今、意思の疎通は以前よりも難し
くなっています。

　オンラインコミュニケーションには、時間や場所に縛られ
ずに仕事ができるメリットがある一方で、**画面越しでは相手
の表情が読み取りにくく、相手の真意を汲み取りにくい**とい
うデメリットがあります。

　また、オンラインコミュニケーションでは、お互いの手元
が見えないために、会議に参加しながらメールをチェックし
たり、手元のパソコンで別の作業を同時に行なったりと、マ
ルチタスク（2つ以上の作業を同時に行なうこと）が可能で
すが、片手間で相手の話を聞いてしまうと、なおさら相手の
意図を正しく理解できず、ミスが起きやすくなるのです。

　また、コロナ禍でマスク着用が必須となり、**お互いの表情**

が見えないために、親近感や信頼関係を醸成しにくい状況も生まれています。お互いの心理的な距離が縮まらないため、本心をオープンにしづらく、コミュニケーションの食い違いも起きやすくなっています。

そのような状況だからこそ、より一層、相手の心の声に耳を傾ける必要があるのです。

ちなみに相手がマスクをしている場合は、目に注目してみるとよいでしょう。「目は口ほどにものを言う」ということわざがあるように、目には感情が表われやすいからです。

言葉で表現されることが、必ずしも相手の本心ではありません。相手の言葉の裏に隠された真意に気づくことで、コミュニケーションの齟齬によるミスを防いでいきましょう。

09

ヒヤリハットに気づいて、
再発防止の手を打とう

ミスには前兆がある

　ミスが起きる前には、ミスにつながる前兆があるものです。その前兆に気づくことから、**再発防止の取り組みははじまります**。

　例えば、コピー機のカバーの下に原稿を置き忘れてしまい、「これ、忘れてるよ」と指摘されて気づいたとします。この時は、社内の人に見られても問題ない内容だったため、大事には至りませんでした。

　あなたなら、この出来事にどう対処しますか？

「ご指摘いただきありがとうございます。これからは気をつけます」と、まずは指摘への感謝と反省を伝えるでしょう。

　しかし、大事なのは、その後です。「単に置き忘れただけだから、大したことはなかった」とその場限りの出来事として済ませてしまえば、その後も同じようなことを繰り返し、いつか重大な事故や出来事に発展する恐れがあります。

　重大なミスや事故は、いきなり単発で起こることは稀です。**一般的には、1件の「重大なミス」の背後には、多くの**

「軽微なミス」が、さらにその背後にはもっと多くの「ヒヤ
リハット」が隠れていると考えられています。

再発防止策を考えよう

「ヒヤリハット」とは、重大なミスや事故には至らなくても、
その一歩手前でヒヤリとしたり、ハッとしたりする経験のこ
とです。実は、このヒヤリハットは日常的に起きています。

　ヒヤリハットの段階で対策を打てば、重大なミスを防ぐこ
とができます。しかし、放置すれば、いつか重大なミスを引
き起こす危険性があるのです。

　先ほどの例でいうと、コピー機への原稿の置き忘れは、ま
さにこのヒヤリハットです。

　原稿に書かれた内容が見られても問題ないものだったた
め、事なきを得ましたが、人事や給与など個人情報に関わる
情報が含まれていたとしたら、原稿の置き忘れは大問題に
なっていたでしょう。

　あるいは、置き忘れた原稿に機密情報が記されていたら、
情報漏洩事故に発展していたかもしれません。いずれにせ
よ、「単なる置き忘れ」では済まされない事態です。

　自分の軽率な行動がどのような結果を招くのかに想像力を
働かせ、ヒヤリハットの段階で気づくことが重要です。

ヒヤリハットに気づいたら、二度と同じような事態を引き起こさないよう、再発防止策を講じます。これが次のステップです。

　原稿の置き忘れに対する再発防止策としては、対象を指で差し、声に出して確認しながら作業を進める「指差し呼称」の徹底が効果的です。

　まずコピー機に原稿をセットしたら、「はい、原稿OK」。次にコピー枚数を確認して、「枚数、OK」。コピーを終了したら、コピーした分と原稿を回収して、「コピー分OK、原稿OK」。

　一つひとつの作業を指差し呼称しながら行ない、ヌケモレがないよう自己チェックを徹底します。こうすることで、ミスにつながる芽を意識的に潰していきます。

ミスを防ぐタイミング

　ヒヤリハットに気づいていれば防げたミスの例を紹介しましょう。

　総務部に配属された新入社員のAさんが、社内の「田中雄二」さんに人事関係の書類をメールで送るよう指示されました。実はその会社には、よく似た名前の「田中優斗」さんという社員もいて、メールアドレスがyu1-tanaka@……と、yu2-tanaka@……に設定されていました。

　Aさんは、「田中雄二さんはどっちのメールアドレスだろう？」と迷いましたが、忙しそうにしている先輩には質問し

づらく、「多分こっちだろう」と勝手に判断して送ってしまいました。その結果、メールが間違った相手に届いてしまい、Aさんは個人情報の取り扱いを厳しく注意されたのです。

この場合、Aさんがヒヤリハットに気づくチャンスはいつだったのでしょうか。

それは、「田中雄二さんはどっちのメールアドレスだろう?」と迷った時です。ここでいったん立ち止まり、「もし間違った相手に送ってしまったら、大変なことになりそうだ」と先の展開を想像し、上司や先輩に確認していれば、防ぐことができたミスでした。

もっとさかのぼれば、社内で同一苗字の社員を区別するためのメールアドレスの設定ルールがあるはずですから、上司や先輩に聞いて事前に把握しておくことも必要だったと言えます。

最近は、Aさんのように、「上司や先輩が忙しそうだから質問しづらかった」という理由で確認せずに、新人が自分の勝手な判断で動いてミスを引き起こすケースをよく耳にします。

ミスをしないためには、確認することも仕事のうちです。臆せず質問する姿勢が求められています。

「あれ?」と疑問に思ったり、引っかかることがあったりしたら、いったん立ち止まって、上司や先輩に確認しましょう。ヒヤッとしたものの、大事に至らなかったからといって、「大したことはなかった」と軽く流さないことが大切です。

10

仕事量のムラに気づいたら、平準化しよう

仕事量のムラでミスが起こる

「昨日はバタバタで忙しかったけれど、今日はヒマだなぁ……」

こんなふうに、日によって仕事量に波があると、ミスが起きやすくなります。

仕事が忙しい日は、時間に余裕がなくなり、気持ちに焦りが出ます。「この仕事、今日中に終わるだろうか」と不安になったり、「あれもやってないし、これもやってない」と他の仕事のことを心配したりして、**目の前の仕事に集中できずに、うっかりミスが起きやすくなります。**

また、時間に余裕がなければ、作業後にミスがないか点検するダブルチェックの時間も取りにくくなります。その分余計にミスを見逃してしまうのです。

では、仕事の量が少なく、時間に余裕があれば、ミスは起きないのでしょうか。いいえ、そんなことはありません。

時間に余裕ができると、今度は気持ちが緩んで、ダラダラしがちになります。集中力が途切れがちな状況では、あちこちに気が散って、ミスしやすくなります。

集中力の低下が敵!

ミスが起きる大きな原因のひとつが、**集中力の低下**です。

集中力を高めるには、仕事のリズムに乗ることがポイントです。そのためには、仕事量は多すぎず、少なすぎず、適度な緊張感を持って取り組めるくらいが理想です。

時間帯や曜日にかかわらず、仕事量が一定になるように調整すれば、仕事のリズムに乗れる状態をつくることができます。もし、あなたの仕事量にムラがあるなら、そのムラをなくしていくことで、ミスを未然に防いでいきましょう。

仕事量を把握する方法

ムラをなくすには、ムラに気づくことからスタートです。

とはいえ、日常業務では仕事のムラになかなか気づきにくいものです。

特に新人は、「これをコピーして」とか、「すぐにお客さんのところへ届けて」などと、上司や先輩から急に頼まれる「割り込み仕事」が多くなります。次から次へと割り込み仕事に対応しているうちに、「今日はバタバタと忙しかったな」「割り込み仕事に振りまわされて終わってしまったな」という感覚だけが残り、何がどれだけ忙しかったのかを具体的に把握していないことが多いのではないでしょうか。

仕事の実態を把握するためにおすすめしたいのが、**仕事の記録をつけること**です。どの仕事をどの時間帯に行なったのか、いつどんな割り込み仕事があったのかを記録していきます。

　記録のつけ方は自由です。手書きでも構いませんし、エクセルの表にまとめてもいいでしょう。

　毎日の仕事の記録を３ヶ月ほど続けていけば、ある程度のパターンが見えてくるはずです。例えば、１週間で見ると週のはじめに割り込み仕事が多いとか、１ヶ月で見ると月初と月末に仕事が集中している、などの傾向がわかるようになります。

仕事を平準化していく

　仕事の実態を把握したら、いよいよ仕事のムラをならす作業に入ります。ムラをならすことを、「平準化する」と言います。

　週のはじめに割り込み仕事が多い傾向が見えたなら、月曜日は５割程度の仕事量に調整して、割り込み仕事が入っても対応できるよう、余裕のあるスケジュールを組んで対処します。

　あるいは、月初と月末に仕事が集中する傾向があるなら、その一部を前倒しして、比較的余裕のある時期に行なうようにします。

　このように、１日、１週間、１ヶ月を通して仕事量が一定になるように調整することで、仕事のムラによるミスを未然に防いでいきます。

　自分の裁量では仕事の前倒しが難しい場合は、次のように上司に相談してみましょう。

「月末は仕事が集中しがちなので、この仕事を月の半ばに前倒しできると、よりミスなく仕事を進められると思います。このようにスケジュールを調整できないでしょうか」

　仕事量に波があるのは仕方がない。そう思ってあきらめていると、仕事に振りまわされて焦燥感に襲われ、ミスも多くなります。仕事のムラをなくすためには、与えられた仕事をこなすだけではなく、自分から上司への積極的な働きかけでスケジュールを調整することが必要な時もあるのです。

曜日で仕事量を決める

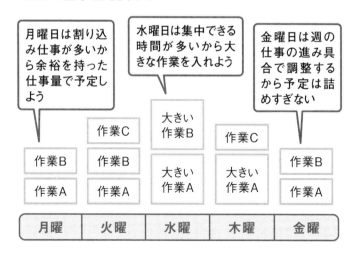

月曜日は割り込み仕事が多いから余裕を持った仕事量で予定しよう

水曜日は集中できる時間が多いから大きな作業を入れよう

金曜日は週の仕事の進み具合で調整するから予定は詰めすぎない

| 月曜 | 火曜 | 水曜 | 木曜 | 金曜 |

11

変化の波に乗り、
改善提案をしよう

　今、個人や企業を取り巻く環境は急激に変化しています。なかでも劇的な変化は、2020年に世界を襲った新型コロナウイルスの感染拡大による働き方の変化です。多くの企業では、密閉・密集・密接を避けるためにオフィスへの出社が制限され、自宅を中心とするリモートワークが導入されました。

　環境が変われば、会社の体制や個人の担当業務、役割なども変わっていきます。リモートワークが導入された会社では、個人の業務や担当の見直しが行なわれ、仕事のやり方が変わったり、新しい仕事を任されたりすることもあるでしょう。

　ところが、こうした変化から取り残されようとしている人もいます。彼らは口々に、「私、そんな話は聞いてません」「これって、以前教えてもらったやり方とは違うんですけど」と言って、変化を受け入れようとしません。

　彼らに共通するのは、目の前の仕事には熱心に取り組むものの、視野が狭く、思考が内向きで、社内や顧客、世の中の動きに無頓着なことです。

　変化の激しい時代だからこそ、環境の変化にアンテナを張り、視野を広く持って全体を見渡し、「世の中や会社は、この方向に向かいつつあるな」と感じることが大切です。

　また、「世の中がこう変わっていくなら、私の仕事のやり方もこんなふうに変わりそうだな」と自分が直面する変化を柔軟に受け入れ、新しい環境に向き合っていくことが求められます。

　変化があまりにも急激だと、上司も先輩もその対応に追われて、新人への説明が十分に行き届かず、あなたを不安な気持ちにさせることもあるかもしれません。不安なことやわからないことがあれば、自分から質問して確認しましょう。

　そして、もし担当業務が見直されて、上司や先輩から新たに仕事を引き継ぐことになったら、ぜひ意識してほしいことがあります。まずは教えられた通りにやってみることも大事ですが、「この状況ではこのやり方がベストだろうか？」と問題意識を持ちながら取り組んでほしいのです。

　企業を取り巻く環境が変われば、従来のやり方も通用しなくなっていきます。幼い頃から IT に慣れ親しむ若い世代が、「こうすればもっと効率的に情報共有できますよ」と、リモート環境でのより効率的なやり方を提案できる機会も多いはずです。

　ともすれば私たちは、「これはこういうものだ」という思い込みや既成概念などにとらわれがちです。新鮮な目で物事を見ることのできる新人には、現状をよりよく変えていくための提案をすることで、社内に新しい風を吹き込むことが期待されているのです。

12

ダブルチェックの方法を
工夫しよう

　新人もベテランも関係なく、人間であれば**誰にでも起こるのが「うっかりミス」**です。例えば、数字をうっかり間違えて入力してしまったり、印刷物にうっかり間違った日時を記載してしまったり、人間がうっかりするのは避けられません。

　だからといって、「うっかりミスは仕方がない」で済ませることはできません。重要書類への記入や、請求書や契約書の作成などでうっかりミスが発生すれば、会社の信用問題に関わる重大事故に発展する恐れもあります。

　うっかりするのは人間の習性ですが、対策をすれば、ミスを未然に防ぐことができます。その対策とは、作業のあとにもう一度チェックする「**ダブルチェック**」です。

　ダブルチェックは自分ひとりでもできますが、自分では自分の間違いになかなか気づきにくいものです。そこで、ダブルチェックの効果的なやり方を工夫してみましょう。

　まず、「**人を変える**」。

　上司や先輩、同僚など、自分以外の誰かに客観的にチェックしてもらうことで、ミスを見逃さなくなります。

　次に、自分ひとりでチェックしなければならない場合は、「**場所を変える**」とミスに気づきやすくなります。

　自分のデスクまわりは雑音も多く、気が散りやすいので、会議室やミーティングルームなど静かな場所に移動して、集中できる場所を確保しましょう。場所を変えることで、気分が変わり、新鮮な目でチェックすることができます。これは自宅でリモートワークする場合にも言えます。

　最後に、「**時間を変える**」。

　例えば、午前中に行なった作業を午後にチェックしたり、今日に行なった作業を翌日にチェックしたりします。時間を空けることで頭の中がリセットされ、新鮮な気持ちで向き合えるので、自分ひとりでダブルチェックをする場合でも、ミスを見つけやすくなります。

　このように、状況に応じて「人・場所・時間」を変えながら、ダブルチェックの効果を上げていけば、うっかりミスはかなりの割合で防ぐことができます。

　仕事は締め切りの直前に終わらせるのではなく、締め切りまでに余裕を持たせることで、最後に必ずダブルチェックを行なうことを習慣にしましょう。

13

ミスの根本にある真因を
突き止めよう

　前項では、うっかりミスが問題になる前に気づく方法として、ダブルチェックを紹介しましたが、ここでは「うっかりミスをそもそも起こさないための防止策」を考えてみたいと思います。

　例えば、セミナーの案内チラシにうっかり間違った日時や場所を記載してしまった時、二度と同じ「うっかり」を繰り返さないためには、どうすればいいと思いますか？

　うっかり間違えたのだから、うっかり間違えないように注意しよう——。このように考える人が多いのですが、これではうっかりミスはなくなりません。

　なぜなら、うっかりミスの「原因」に対して「対策」が講じられなければ、意味がないからです。

　うっかり間違ってしまったのは、「うっかり」が原因なのでしょうか？　「うっかり」を引き起こした原因は何なのか、ミスの根本にある真因を突き止めて、それに対して再発防止策を講じていく必要があります。

　セミナーの案内チラシにうっかり間違えて記載した場合を想定して、その原因は何なのか、掘り下げて考えてみましょう。

　例えば、ミスが起きた背景に、次のような状況があったと仮定します。チラシのレイアウトがほぼ完成した段階で、会場が急遽変更になりました。「あとで修正しよう」と思っていましたが、他の仕事を片づけているうちに記憶から抜け落ちてしまい、会場を誤って記載したまま印刷してしまいました。

　この場合、「これくらい覚えているだろう」と自分の記憶を過信したことが、うっかりミスの原因です。同じミスを繰り返さないためには、変更があった時点ですぐに最新情報に更新するか、もしくは、あとでやるべきことをメモするなど、記憶に頼らないための対策を徹底する必要があるでしょう。

　また、ベテランになると、仕事への慣れがミスの原因になることもあります。例えば、前年とは開催場所が変わったのに、「場所はいつもの会場」と思い込んで、前年と同じ場所を記載してしまった、ということも考えられるでしょう。

　この場合、「人は思い込みをするもの」という前提に立ち、確認を徹底するといった再発防止策が必要です。「場所は去年と同じ○○会場でよろしいでしょうか？」と確認を怠らない習慣をつけることがカギとなります。

　同じような記載ミスでも、状況によってはいろいろな原因が考えられます。ミスが起こった状況を掘り下げて考え、ミスの真因に気づくことが大切なのです。

14

「脱パターン化」を
仕事の中に取り入れよう

　1日をご機嫌な状態でスタートし、よいリズムに乗るには、仕事モードに入っていくための毎朝のルーティンを持っておくと効果的です（17ページ参照）。

　とはいえ、毎日が同じことの繰り返しでは、マンネリ化してしまいます。マンネリ化すると、視野が狭くなり、気づく力が衰えていきます。

　マンネリ化してきたと感じたら、あえてパターンを崩すことを意識してみましょう。「脱パターン化」を仕事に取り入れることで、気づきのアンテナが刺激され、ミス防止につながっていきます。

　例えば、ランチ休憩の過ごし方のパターンを崩してみてはどうでしょうか。いつもと違う店で食べてみる。いつもと違う料理を注文してみる。いつもと違う階のトイレに行ってみる。それだけで脳が刺激され、思考が活性化され、ひらめきが生まれやすくなります。

　特にデスクワーク中心の人は、外に出たり、誰かと話をしたり、意識的に違う世界や景色に触れてみるのもおすすめです。

　また、いつものやり方では「やりにくいな」「不便だな」

と感じた時も、「脱パターン化」のチャンスです。

　私は最近、PC 内のフォルダの分類方法を大きく変えました。

　何年も同じ分類方法で整理していましたが、ブレンディッドラーニング（オンラインを組み込んだ研修）が普及したことで、従来からの対面での研修に加えて、オンライン研修やオンデマンド研修など研修スタイルがバラエティに富むようになると、これまでと同じ分類方法では保存場所に重複が生じたり、データを探しづらいといった不便を感じるようになったのです。そこで、３時間かけて、今の仕事の現状に応じたフォルダ分類に脱パターン化したというわけです。

　これまでは使い勝手がよかったものでも、状況が変化すれば、不便に感じることがあります。しかし、マンネリ化した状態に慣れてしまうと、「これはこういうものだ」と思い込んで、不便を感じても改善せずに使い続けることになり、かえって効率が悪くなったり、ミスにつながったりします。

　よい習慣は残しつつ、日常がマンネリ化しないよう、行動に変化をつけることを意識しましょう。脱パターン化によって、新鮮な気持ちで仕事に取り組める環境が生まれれば、ミスを招く前に気づく力が高まり、ミスを防げるでしょう。

3章

仕事の「段取り力」を
高めてミス防止

今こそ段取りの習慣を身につけるべき時

「定時に帰るために、『1日の時間をマネジメントする』という発想で段取りをしていますか？」

　若手社員にこのような質問をすると、ほとんどの人が「していない」と答えます。

「上司や先輩から頼まれた仕事をこなしていくだけで1日が終わってしまう」とか、「気がつくと定時まであと1時間しかなくて、あれもこれも仕事が残っていて焦ってしまう」といった声もよく聞かれます。このように、「**仕事に振りまわされている感じがする**」と悩んでいる若手社員は意外に多いのです。

「仕事をいつまでに終わらせよう」と意識せずに、行き当たりばったりで進めていれば、**ついダラダラして時間は足りなくなります**。時間に余裕がなくなって焦れば、うっかりミスも増えますし、納期までに完了できなければ、それもミスです。

　限られた時間内に、ミスなくスピーディに仕事を進めていくためには、仕事をはじめる前の段取りが欠かせません。私はこれまでさまざまなミスを分析してきましたが、**ミスの多くは、この「段取りの不備」によるところが大きい**と感じています。

　段取りとは、「**仕事をどの順番で、どれくらいの時間をかけて片づけていくのか**」を事前に決めることです。つまり、仕事に**優先順位**をつけて計画を立てることです。

　やり方としては、まず、その日にやるべきことをすべて書き出します。そして、どの作業を、どの順番で、どれくらいの時間をかけて行なうのかを決めます。

　仕事の優先順位のつけ方にはいくつか方法がありますが、新人がまず意識すべきは、「納期（締め切り）」です。納期の迫った仕事から優先的に取りかかるように段取ります。

　それを ToDo リストや付せんに書き出して、デスクの見える場所に貼ったり、アプリに入力したりして見える状態にしておきます。

　毎日、仕事がはじまる前の15分を、段取りを組む時間にあてましょう。その日に何をやればいいかがわかっていれば、あとはそれを一つずつ終わらせていくだけです。心に余裕を持って仕事を進められるようになります。

　大事なことを付け加えると、事前に計画を立てるだけが段取りではありません。計画を立てることによって、仕事を効率的にマネジメントすること、つまり「**自分の意思を持って仕事を進めていくこと**」が段取りの肝です。

　これから 2 年目、3 年目と年次が上がっていくにつれ、今より仕事量が増えるとともに、責任ある仕事も任されるようになります。未来のあなたが、仕事に振りまわされずに質の高い仕事をできるよう、段取りの習慣を今、身につけておきましょう。

15

1日の山場をつくり、
ダラダラ仕事をなくそう

仕事にメリハリをつける

　集中力が途切れて、ダラダラした時に、気の緩みからミスが起きやすくなります。

　ダラダラ仕事を撃退するための段取りのコツは、1日のスケジュールに山場をつくることです。

　仕事には、神経を使う細かな仕事から、やり方が決まっている定型仕事、頭を使って考える仕事まで、さまざまな仕事があります。それぞれの仕事を行なうのに適した時間帯に組み込むことで、1日の流れにメリハリをつけ、ダラダラ仕事をなくしていきます。

午前中は頭が冴えている時間

　山場をつくるのは、午前と午後に一つずつが目安です。

　最初の山場は、朝10時から11時にかけての時間帯です。ここには、頭を使って考える仕事や、新たな価値を生み出す仕事を組み込みます。午前中は1日のうちで最も集中力が高まる時間帯で、頭がスッキリし、頭のキレも冴えているからです。

仕事の「段取り力」を高めてミス防止

　例えば、データ分析や企画書・提案書の作成、新入社員なら研修のレポート作成などがこの時間帯に向いています。研修で学んだことをレポートにまとめるには集中力が必要ですし、完成すれば「仕事がひとつ終わった！」という達成感を得られるので、山場をつくるにはぴったりです。

　同じ午前中でも、始業から１時間までの時間帯は、まだエンジンがかかっていません。気分が乗らないうちに集中力の必要な仕事に取りかかると、ミスの原因になるため注意が必要です。

　その代わり、朝一番の時間帯は、その日の段取りを考えたり、メールをチェックしたりと、１日の全体像を把握できる仕事からはじめて、徐々に気分を高めていく時間にします。

午後の山場は終業へのゴールに向かって

　次に、午後の山場について考えてみます。

　午後の山場をつくりやすいのは、15時から16時にかけての時間帯です。15時頃になると１日のゴールが見えてきて、再び気持ちが上がってきます。「あと２時間で終わり！」と思うと、ラストスパートもかかりやすくなるからです。

　この時間帯も、午前の山場と同じように、集中力を必要とし、「やり遂げた！」という達成感を味わえる仕事を組み込みます。請求書作成や受発注業務など、数字や計算の間違い

が許されない仕事をここで片づけるのもいいでしょう。

　ひとつ仕事を終えるたびに、「あ、できた！」という達成感を実感できると、仕事にリズムが生まれ、集中力も途切れにくくなります。

　では、午後の山場に至るまでの午後イチの時間帯には、どんな仕事を入れるとよいのでしょうか。

　昼食後の午後イチの時間帯は、満腹感から眠気に襲われるため、集中力が低下します。しかも、定時までに時間もあるためエンジンがかかりにくく、中だるみしやすい時間帯です。つまり、1日のうちで最もミスが起きやすい“魔の時間帯”なのです。

　この時間帯には、集中力の低下が影響しない仕事や、眠気を払えるような刺激を伴う仕事、目先の変わる仕事を組み込みます。例えば、メールの返信や書類の整理、備品の管理などの細切れ仕事や、他部署に物を届けるなど身体を動かす仕事、外部の人との打ち合わせなど人と会う仕事を入れて、仕事のペースを取り戻していきましょう。

　午後の山場を過ぎたあとのラスト1時間は、今日中に行なう仕事の抜けもれチェックやデスクまわりとPC内のフォルダの整理、明日に繰り越す仕事の整理などを行ないます。

　これ以降は、仕事が長引けば長引くほど集中力が低下し、

ミスにつながりやすくなります。区切りのいいところで作業を止め、キリよく1日を終えるようにしたいものです。

このように、1日を通してみると、集中力の高まる時間帯と、逆に集中力が低下してミスが起こりやすい時間帯があることがわかると思います。ダラダラしないように集中力をずっと維持しようとしても、無理があります。

だからこそ、集中力の高まる時間帯にスケジュールの山場をつくり、自然に気分が乗ってくるように1日の仕事をマネジメントすることが大切なのです。

● 午前・午後に仕事の山場をつくろう

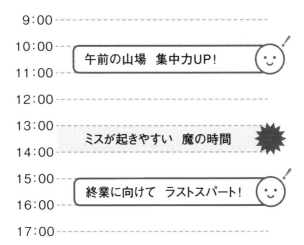

9:00

10:00
午前の山場　集中力UP!
11:00

12:00

13:00
ミスが起きやすい　魔の時間
14:00

15:00
終業に向けて　ラストスパート!
16:00

17:00

16

終了時間の目標設定をし、達成感を味わおう

作業時間の目安を知る

ダラダラと仕事を進めてしまうもうひとつの原因は、**目標時間を決めていないこと**です。「何時までにこの仕事を終わらせよう」という意識がないと、時間をあるだけ使おうとして、ついダラダラしてしまいます。

ダラダラ仕事をなくすには、一つひとつの仕事に対して目標とする終了時間を設定する必要があります。

そうはいっても、初めての仕事や慣れない仕事では、目標時間を適切に設定することは難しいかもしれません。

そこでまずは、今の自分の能力でどれくらいの時間がかかるのか、目安となる作業時間（つまり標準時間）を知ることからはじめましょう。

自分の標準時間は、**仕事にかかった時間を実際に記録する**ことで把握できます。

スマホのストップウォッチ機能などを使って、業務日誌を書くのにかかった時間、メールを1本送信するのにかかった時間、データ入力100件にかかった時間、見積書1本作成す

るのにかかった時間などを計り、記録をつけていきます。

　同一作業でも内容によって所要時間に差が出る場合は、それぞれ分けて記録することで、より正確な標準時間を知ることができます。

　メールの送信などはその一例です。メールの種類によって、1本あたりの所要時間は変わってきます。上司に進捗を報告するメールは10分かかるけれども、内容を確認して了承した旨を伝えるメールは1分で済む。このように分けて記録することで、実態をより正確に把握することが大切です。

　正確さを求める理由は、**目標時間の見積もりが甘いと、ミスにつながりやすい**からです。

　例えば、「昨日の研修の内容をまとめて、16時からのミーティングで報告して」と上司に指示されて、「1時間もあれば足りるだろう」と見積もったとします。16時から逆算して、15時から作業をはじめたものの、見積もりが甘かったために会議に間に合わなかったとしたら、どうなるでしょうか。上司には迷惑をかけ、自分の評価も落としてしまいます。

　仮にギリギリ間に合ったとしても、慌てて作業すれば、ミスやヌケモレが生じやすくなり、上司の満足する仕上がりにならないかもしれません。

　せっかく段取りを立てても、その通りに進められなければ、仕事を効率的にマネジメントできているとは言えません。**段取りの精度を高めるためにも、自分の作業スピードの**

実態を把握することが不可欠なのです。

時間の把握がモチベーションにつながる

　それぞれの仕事の所要時間の計測を3ヶ月や半年くらい続けると、大体の標準時間が見えてきます。

　それをもとに段取りを組み立て、仕事をはじめる時には、「○時までに必ず終わらせよう」と終了時間を必ず設定するようにします。

　終了時間を強く意識するだけで、ダラダラ仕事は減りますし、デッドライン効果で時間内に終われば、達成感も味わえます。「よし、できた、次！」と新たな気持ちで次の仕事に取りかかることができます。

　また、仕事に慣れるにつれて、標準時間が短縮されていくこともあるでしょう。報告書を1本書くのに、4月は40分が必要だったのに、5月には35分、6月には30分で書けるようになったとしたら、それだけあなたのスキルが上達したということです。

　さらに仕事に慣れてきたら、「今まで30分かかっていた報告書の作成を、次は25分で仕上げよう」と少しずつ目標時間のハードルを上げていくこともできます。たった5分の短縮とはいえ、そのための試行錯誤の過程でいろんな発見があるはずです。

　例えば、「5分間短縮には、パソコン操作のスキルを磨く必要がある」と気づけば、「マウスを使わず操作できるようにしよう」と新たな挑戦を生み、自分の成長にもつながるでしょう。

残業をなくすコツ

　それぞれの作業の終了時間のほかに、「1日の終わり」という意味での終了時間にも着目していきましょう。

　近年、生産性の向上やワークライフバランスなどの観点から、残業時間の削減に力を入れる企業が増えています。その成果もあり、オフィスでは残業が減る傾向にあります。

　その一方で、コロナ禍の影響で一般的になったリモートワークでの残業が、新たな問題として浮上しています。自宅で仕事していると、定時までに仕事が終わらなくても、「まぁいいか、自宅だし」と自分に甘くなり、ダラダラと遅くまで仕事をしてしまうのです。

　オフィスであれ自宅であれ、「17時に帰る」「17時に終わる」と決めたら、それ以降は仕事をしない。PCの電源もオフにする。それくらいの覚悟を持って、終了時間を意識しながら仕事を進めていく必要があります。

　残業をなくすための工夫として、自分の退社時間を周囲に宣言することで、退社時間を守ることへの意識づけを強化しようと工夫している会社もあります。詳しくは、20ページで解説していますので、参考にしてみてください。

17

前倒し期限を設けてギリギリにならないようにしよう

納期から時間を逆算するコツ

　仕事には必ず、「いつまでに終わらせなければならない」というデッドライン、つまり「納期」があります。

　納期に遅れては、どんなに質の高い仕事を完成させても、まったく評価されないこともあります。それくらい、納期は仕事の評価を決める重要な要素なのです。

　仕事の指示を受けたら、必ず確認しなければならないのが、納期です。納期に間に合うようにスケジュールに組み込んで、意思を持って計画的に仕事を進めていくことが大切です。

　ここで、あなたに質問です。

　上司から、「1週間後の8月31日までに、お客様への提案書を作成してほしい」と指示されたとします。あなたは、作業時間を「2日あれば大丈夫」と見積もりました。この場合、提案書の作成にいつから着手しますか？

　単純に逆算すれば、納期の2日前である8月29日からはじめれば間に合いそうです。

　しかし、実際には、そのスケジュールでは納期に間に合わ

ない確率のほうが高いでしょう。なぜなら、**自分の見立て通りに仕事が進むとは限らないからです。**

　もしかすると、途中でトラブルが発生して、その対応に時間が取られてしまうかもしれません。

　お客様から問い合わせの電話が頻繁にかかってきて、作業に集中できないかもしれません。

　思ったよりも作業に時間がかかってしまい、2日では終わらないかもしれません。

　予定通り2日で仕上げて上司に提出したものの、「説得力に欠ける」と指摘され、修正を余儀なくされるかもしれません。

　ざっとあげてみただけでも、これだけの"想定外"が考えられます。つまり、ギリギリのスケジュールを組んでしまうと、何らかの理由で予定通りに仕事が進まなかった場合に、納期に間に合わなくなるのです。

　納期に遅れないためには、割り込み仕事や例外的な対応、提出後の修正など"想定外"の事態も想定し、**納期より前倒しで仕事を進めることが大切です。**

　8月31日が納期なら、例えば2日間の余裕を見て、8月29日を自分の「前倒し納期」に設定します。仕事に着手するタイミングは、そこから所要日数を逆算して決めます。

　自分の見立て通りに進まないのが仕事です。だからこそ、想定外の事態も織り込んで、納期までに若干の余裕を持たせ

ておくことが大事。これが、実効性の高い段取りの組み方の
ポイントです。

上司からのアドバイスで仕事の質を高める

　前倒しで仕事を進めることのメリットは、もうひとつあり
ます。上司からのフィードバックを得て、仕事の質を高めら
れることです。

　入社直後は、仕事の経験も浅く未熟なため、自分ひとりで
仕事の完成度を高めていくのは難しいものです。どれだけ時
間をかけて頑張っても、限界があるものです。

　だったら、期限ギリギリまで粘るよりも、前倒し期限を活
用し、7割程度の完成度でいったん提出してはどうでしょう
か。本当の期限までにはまだ時間があるので、「最後のこの
部分がうまくいかないのですが、アドバイスをいただけませ
んか」などと、上司の知恵を借りながら完成度を上げていく
ことが可能です。

　この段階で未完成でも、「なんだ、できてないじゃないか」
とダメ出しされて、あなたの評価が下がることはありません。

　むしろ、早めの提出で、上司のフィードバックを得てさら
に仕事の質を高めようとするあなたのことを、上司は「やる
気があって好ましい」と評価するはずです。

　仕事の質では上司や先輩に及ばなくても、前倒し期限によ

る早めの提出を心がければ、「○○さんは締め切りに絶対に
遅れない」とまわりから一目置かれる人になれます。スピー
ドを味方につけた仕事の進め方で、上司からのフィードバッ
クを得て、仕事の質も高めていきましょう。

● 自分で前倒し納期を決める

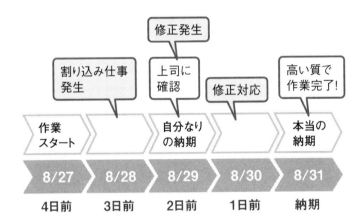

18

割り込み仕事に
振りまわされないようにしよう

▌割り込み仕事が積み重なって焦ってしまう……

　新人は、自分で仕事をつくり出すより、上司や先輩、お客様などから「この仕事をお願い」と頼まれることが多いでしょう。すると、こんなことが起きてきます。

　上司の指示で資料作成に取り組んでいる最中に、先輩から「この商品サンプルをいますぐ工場まで届けてくれる？」と急な届け物を頼まれる。また、別の先輩からは、「今やってる仕事が終わったら、このデータをチェックしてもらえるかな」とデータのダブルチェックを依頼される……。

　まわりから急に依頼される仕事を「割り込み仕事」と言います。上司や先輩のみならず、お客様からの急な問い合わせやトラブルへの対応など、仕事をしていれば割り込み仕事は少なからず発生します。

　とりわけ、新入社員に対して、ちょっとした用事や頼まれ仕事が集中する傾向は否めません。まわりからの割り込み仕事を引き受けているうちに、やるべきことが積み重なっていき、「あれもやらなきゃ、これもやらなきゃ」と気持ちばか

り焦ることになります。

　気持ちが焦ると、ミスも起こりやすくなります。最悪の場合には、あれもこれものプレッシャーで身動きが取れなくなり、「もう無理！」とすべてを投げ出す羽目になるかもしれません。

　実際、新入社員研修では、このような悩みをよく聞きます。

「『わかりました』と仕事を受けていたら、気づくといっぱいいっぱいになっていて、納期に遅れてしまいました」

「次々と頼まれる仕事に対してどう優先順位をつけていいかわからず、頭がフリーズしてしまうんです」

　割り込み仕事を自分でコントロールすることは難しいと、多くの人が思って、あきらめています。

　でも、本当にそうでしょうか？　まわりからの割り込みは、自分ではどうすることもできないのでしょうか。

割り込み仕事はコントロールできる！

　前述した通り、段取りとは、意思を持って仕事をマネジメントすることです。それは、割り込み仕事も同じです。

　割り込み仕事をどのようにコントロールするのか、次のような場面を想定して、考えてみましょう。

　午前中、上司から頼まれている仕事を予定していたところ、先輩から別の仕事を頼まれたとします。「頼まれた仕事はすぐに取りかからないといけない」と思っている人が多いようですが、そのようなことはありません。

仕事を頼まれたら、まず納期を確認しましょう。

あなた：「いつまでに必要ですか？」
先輩　：「明日の会議で使いたいから、今日中でいいよ」
あなた：「でしたら、午前中は別の仕事があるので、午後から着手して、今日中には先輩にお送りしますね」

　納期を確認してみたら、案外、急ぎではないこともあります。それがわかれば、仕事の進め方を自分でコントロールしながら、相手の希望する納期にも間に合わせることができますね。

　では、せっかちな先輩から「今すぐできる？」と急かされたら、どう対応すればよいのでしょうか。
　先輩の頼みだからといって、「わかりました」と安請け合いするのはNGです。自分のキャパシティを超えて仕事を引き受けてしまうと、結果的に納期に遅れたり、焦ってミスをしたりして、まわりに迷惑をかけることになりかねません。
　スケジュールがいっぱいのところに割り込み仕事が入ってきた時は、相手が誰であれ、**自分の状況を伝えながら交渉する**のが正しい対処法です。

あなた：「午前中が納期の仕事があるので、そちらを優先したいのです。午後からでしたら対応できますが、よろしいで

しょうか?」

「だったら午後からでいいよ」と先輩の譲歩を引き出せるかもしれません。あるいは、「それなら仕方ないね。別の人に頼んでみるよ」と別の選択肢が浮上するかもしれません。いずれにしても、割り込み仕事に翻弄されないためには、交渉あるのみです。

　交渉するためには、自分が抱えている仕事の量と、それらに要する時間を把握しておく必要があります。
　そのうえで、「資料作成2時間、データ入力1時間」のようにノートに書き出しておくか、イントラネット（社内ネット）のカレンダーに入力しておき、自分の仕事の状況をまわりの人たちにも見える状態にしておくとよいでしょう。

　あなたの都合にお構いなく割り込み仕事が発生するのは、あなたがどれだけの仕事を抱えているのか、まわりの人がわかっていないことも一因です。
　「今はこれだけの仕事を抱えている」と「見える化」していれば、仕事を頼む側も考慮するでしょうし、こちらからも交渉しやすくなります。
　割り込み仕事に対しても、意思を持つことでミスのない仕事ができ、チームにも貢献することができるのです。

19

「やること」と
「やらないこと」を決めよう

　前倒しで仕事を進められるなら、それがベターです。

　しかし、スケジュールに余裕がない時は、前倒しが難しいこともあります。目の前の仕事で手いっぱいの時に、納期が先の仕事のことまで気にして、「あれもやらなきゃ、これもやらなきゃ」と焦るのは、かえってミスを招いたり、仕事の質を下げたりすることになります。

　スケジュールがいっぱいの時は、今やるべき仕事だけに集中し、今やらなくていい仕事は、極力やらないようにします。

　「やらない」という選択を、ネガティブに捉える人もいるかもしれません。仕事はどれもやるべきもの、だから「やらない」という選択はあり得ないのではないか、と。

　果たしてそうでしょうか。

　仕事には必ず優先順位が存在します。**どの仕事にも同等のエネルギーを投入していたら、いくら時間があっても足りません。**

　新人が意識すべき優先順位の軸は納期です。納期を考慮して、今やるべき仕事に集中するためには、「やらない仕事を決める」ことです。

「やらないことを」を決める習慣を、日々の業務の中で実践するには、「今日やるべきこと」と「今日はやらなくていいこと」に仕分けることからはじめましょう。仕事の納期を確認した上で、今日やらなくてもいい仕事は、明日以降にまわします。

終業間際にやりかけた仕事が残っていると、「今日中に終わらせてしまいたい」という気持ちに駆られるかもしれません。ですが、納期までに余裕があるなら、ここはきっぱりと「やらない」と覚悟を決めて、続きは明日以降にやるようにします。

特にリモートワークでは、終業時間の区切りがつけにくく、「際限なく仕事を続けてしまう」という声もよく聞きます。「やること」と「やらないこと」を仕分ける意識をより強く持つ必要がありそうです。

「やらないこと」を決める勇気は、あなたが将来、責任あるポジションに就き、幅広い仕事を任されるようになった時、ますます必要となります。やるべき仕事で最大の成果を出せるように、今のうちから「やらないこと」を決める習慣をつけておくとよいでしょう。

また、今後は、仕事（Work）と休暇（Vacation）が融合した「ワーケーション」という働き方も広まっていきます。仕事と生活を両立させるためにも、「やらないこと」を決め、メリハリのある働き方を手に入れておきたいものです。

20

目的を理解した上で
仕事に取りかかろう

「何のため」が仕事の質を上げる

どの仕事にも納期があるのと同じく、どの仕事にも目的があります。「何のためにこの仕事をやるのか」という目的を理解してから、仕事に取りかかることが大切です。

目的を考えずに仕事に取りかかれば、目的に沿わない仕上がりになってしまいます。上司の指示通りにやったつもりでも、「意図していたのと違う」とやり直しを指示されたら、それはミスも同然です。

初めての仕事は、先輩に教えてもらいながら、あるいはマニュアルを見ながらやることが多く、手順通りに進めることで精いっぱいになりがちです。そのため、**「何のため」という仕事の目的よりも、「どうやるか」という手順や手段に意識が向く傾向があります**。

しかし、目的に沿わない仕事は、どんなに努力したとしても、上司やお客様の評価を得ることはできません。やり直しが生じれば、それまでの時間や労力がムダになってしまいます。

目的はいろいろある

　では、仕事にはどのような目的があるのでしょうか。新入社員に課されることの多い業務として、業務日誌を例にとって考えてみましょう。

　新人社員を対象とした公開セミナーで、業務日誌を書く目的をたずねてみました。すると、会社によっていろいろな目的があることがわかりました。

　例えば、営業会社では、営業パーソンからお客様の声を吸い上げ、商品やサービスの開発や改善に活かすために、業務日誌を活用していました。業務日誌に書く内容は、主に、「商談でお客様がどんなことをおっしゃっていたのか」というお客様の声です。

　また、ある不動産管理会社では、不動産物件の管理を担当する社員が1日の仕事を振り返り、仕事の質を高めるための気づきを得るために、業務日誌を書いていました。その内容は、計画通りに仕事を進められたのかを検証し、ミスやトラブルが起きたのなら、その再発防止策を考えるというものでした。

　別の会社では、リモートワークが続く中、1日の仕事内容を上司に報告する目的で業務日誌を書いていました。

　このように、業務日誌ひとつとっても、業種や職種によっ

て目的が異なる上に、目的によって書く内容も違うことがわかると思います。

　目的を意識せずに業務日誌を書くと、書くこと自体が目的になって、自分の書きたいことや、美しい文章を書こうとします。しかし、目的に沿わない業務日誌は、どれだけきれいに美しく書かれていても、意味がありません。

　どの仕事にも目的があるなら、お客様の来訪に備えて行なう応接室の準備はどうでしょうか。来客の前に応接室を整えたり、暑い日なら冷房を入れて部屋を冷やしておいたりしますが、これにはどのような目的があるのでしょうか。

　応接室の準備を新入社員が任せられることもあるでしょう。「なんで私が部屋の準備をしなきゃいけないの？　面倒だな」と思うと、やる気も起きませんね。

　応接室を整えるのは、暑い中にもかかわらずお越しくださるお客様に、心地よい環境を提供し、スムーズに商談を進めていただくためです。このように目的を理解できれば、自分の仕事に意義を見出しながら、前向きに取り組めるのではないでしょうか。

目的を捉え間違わないために

　最後に、仕事の目的を理解しなかったために、思うような成果を上げられなかった事例を紹介しましょう。

　営業のＡさんは、「お客様との会話から感じたことをもと
に、顧客向けニュースレターの原稿を書いてほしい」と上司
から頼まれました。そこで、お客様との会話から感じたこと
を文章にまとめて上司に見せると、「あなたの感想だけでは
なく、ニュースレターを読んだお客様がうちに仕事を依頼し
たくなるような内容にしてほしい」と指摘され、書き直しを
指示されてしまいました。

　やり直しの原因は、Ａさんがニュースレターの目的を正
しく理解していなかったからです。お客様との会話から感じ
たことを書くのは、あくまでニュースレターのネタとして書
くのであって（＝手段）、本来の目的ではありません。

　ニュースレターの本来の目的は、お客様との会話で感じた
ことを踏まえて、新規受注につなげることだったのです。そ
の目的からズレていたＡさんのニュースレターは、上司の
評価を得ることができませんでした。

　指示を受けた時点で、仕事の目的がわからなかったり、上
司からの説明がなかったりする場合には、「この仕事の目的
は何ですか？」と自分から確認しても構いません。

　特に、仕事に慣れていない新入社員の場合、仕事の目的を
自分で考えて理解するのは難しいかもしれません。指示が曖
昧だと感じたら、自分から説明を求める姿勢が必要です。

21

1から考える仕事は2割できた
ところで上司に確認しよう

仕事には相手がいる

あなたは、仕事と趣味の一番の違いは何だと思いますか?

ひと言で言えば、**誰かの役に立っているかどうか**です。誰かの役に立つことで、その対価を得るのが仕事です。その「誰か」とは、あなたの場合、仕事の指示を出す上司や、会社の商品やサービスを購入するお客様ということになります。

一方、趣味は、必ずしも誰かの役に立つ必要はありません。自分が楽しめればいい。それが趣味です。

なぜこんな話をしたかというと、**仕事には必ず相手があり、相手の期待に応えてはじめて評価されます。**このことをお伝えしたいからです。

相手の期待に応えるには、本章で述べてきた「納期(締め切り)を守る」、「目的を理解する」ことは外せない条件です。

そしてもうひとつ、相手が求める「出来栄え基準を共有する」ことも重要なポイントです。

出来栄え基準とは、具体的な仕上がりのイメージのことです。

例えば、資料を作成する場合、どんなフォーマットを用いて、項目は何を入れるのか、ビジュアルはどうするのか。上

司が思い描く出来栄え基準から外れると、あとで「思っていたのと違う」と言われて、低く評価されてしまいます。

では、相手が求める出来栄え基準を知るには、どうすればよいのでしょうか。その答えが、この項目の見出しにあるように、「2割できたところで上司に確認する」なのです。

例えば、上司から「いくつかあるウェブ会議システムを比較して、メリットとデメリットを表にまとめてほしい」と指示されたとします。

この時、あなたがまず上司に確認すべきことは、**仕事の目的と納期**でしたね。特に、「何のために」という目的は置き去りにされやすいので、上司から明確な説明がなければ、あなたから「この比較表は何のために使いますか?」と質問しましょう。「何社かを比較して、どのサービスを導入するか判断するために使いたい」という回答を得られたら、仕事の目的を理解するという第一段階はクリアです。

次に確認しなければならないのが、出来栄え基準です。

上司が期待する比較表とはどのようなものかを考えてみると、「上司が欲しい情報が網羅されている必要があるな」「比較項目がポイントになりそうだ」と予想できます。

指示を受けた段階で、上司が求める比較項目を相談できれば、理想的です。しかし、この段階では、上司もまだ完成イ

メージがつかめていないことが多く、また、部下も「こんな項目を入れてはどうですか？」と提案できる状態に至っていません。その場合、もう少し作業を進めてみましょう。

　さて、いくつかのサービスを調べていくうちに、料金、セキュリティ、使い勝手、導入のしやすさなど、自分なりに比較すべき項目のリストが見えてきました。

　比較項目の目途がついた時点で、「このような項目で比較しようと考えていますが、いかがでしょうか？」と上司に確認します。そうして、「この項目も追加して」「これは要らない」といったやり取りを通して出来栄え基準を共有していきます。

　自分なりに比較項目の目途がついた時に、上司に確認せずに、自分勝手な判断で表を完成させてしまうと、どうなるでしょうか。あとになって上司から「何人まで利用できるか知りたかったな」「制限時間の有無はどうなんだろう？」などと指摘され、つくり直しということにもなりかねません。

　仕事の進め方が定まっていない場合、すなわち自分で１から考える仕事は、全体像が少しずつ見えてくる「２割できた段階」で、上司に出来栄え基準を確認します。そうすることで、上司の期待に沿った仕事に仕上げることができます。

　他にも、前項のニュースレターのケースなら、原稿を書きはじめる前に、テーマや話の流れを箇条書きにして上司に相

談するとよいでしょう。

確認の2つのタイミング

　何を、どのタイミングで上司に聞けばいいのかわからない、という新入社員の悩みもよく耳にします。また、忙しそうな上司や先輩の手を止めて、質問することにもためらいを感じてしまうようです。

　だから、質問せずに、わからないことを放置したまま突っ走ってしまう。その結果、相手の意図に沿わない仕上がりになってしまうのです。

　何を、どのタイミングで聞けばいいのかわからない時は、次の2つを思い出して、実践してください。

①指示を受けた時に、仕事の目的と納期を確認する
②2割できた段階で、出来栄え基準を上司に確認する

　相手の期待に応えるためには、相手の期待することを事前に把握しておく必要があります。そのために、わからないことは自分から積極的に質問する。これも社会人に求められる基本姿勢なのです。

22

ゴールから逆算して
仕事に取りかかろう

▍長期にわたる仕事の計画を立てる

　本章の最後に、３ヶ月や半年など**長期にわたるプロジェクト**をどのように進めていくとよいかを考えてみたいと思います。

　新人にも、研修の一環として長期プロジェクトに取り組む機会はあるでしょう。また、業種や職種によっては、半年や１年、数年など長期スパンで進めていく仕事もあります。

　長期にわたる仕事でありがちなミスは、ゴール（納期）がまだ先だからと安心して、日々の緊急度の高い仕事に追われているうちに、スタートが遅れ、時間が足りなくなってしまうことです。

　また、長期にわたる仕事は仕事のボリュームも大きくなるため、どこから手をつけていいのかわからず放置してしまう、ということも起きがちです。

　長期にわたる仕事は、納期が先だからといって安心せずに、**ゴールから逆算して、計画を立てて進めていく**ことが大切です。

　具体的な例をあげながらみていきましょう。

　例えば、「次年度の新入社員のために、新人にもわかりや

すい業務マニュアルを作成してほしい」と上司から頼まれた
とします。新入社員を迎える4月までの完成を目指し、1月
から3月までの3ヶ月間で作成します。

　まず、何からはじめるとよいのでしょうか。

　長期プロジェクトに限らず、完成までに何段階かのプロセ
スを踏む必要のある仕事の場合、**具体的にやるべきことをリ
ストアップする**ことからはじめます。この場合、マニュアル
作成といっても、いきなりマニュアル作成に取りかかれるわ
けではなく、いろいろと下準備が必要です。それらを一つず
つ書き出していきます。

【マニュアル作成のためにやるべき具体的な作業の一例】

①マニュアル化する業務の選定。どの業務をマニュアルに落と
　すのか、やり方の決まった定型業務をマニュアル化するの
　か、非定形業務まで含めてマニュアル化するのかを決める

②マニュアルの切り口をどうするのか決める。業務の流れで
　まとめるのか、一つひとつの業務に対して手順を1枚にま
　とめるのかを考える

③業務の適正化を図る。今のやり方がベストなのか、もっと
　効率よく、ムダなくできる方法はないか、業務のやり方を
　見直す

④マニュアルへの落とし込み

③の「業務の適正化」について補足すると、業務のマニュアル作成は、現状のやり方をそのまま「見える化」することではありません。このやり方で問題ないのかを見直し、改善できるものは改善して、より適したやり方を後輩に伝えていくことで、職場のミスゼロを実現していきましょう。

　話を戻すと、マニュアル作成という最終ゴールに向けて具体的にやるべきことのリストアップは、自分たちの知見だけでは難しいかもしれません。「このような作業が必要だと思います」と自分なりの意見を持った上で、上司や先輩に相談してみるとよいでしょう。

　やるべきことをリストアップしたら、次にそれらをスケジュールに落とし込んでいきます。3ヶ月や半年のスパンの仕事なら、1ヶ月ごとにどこまでやるのかを決めます。

　マニュアル作成の例で言えば、

・1ヶ月目──①と②（マニュアル化する業務の選定と、切り口の検討）

・2ヶ月目──③（業務の適正化）

・3ヶ月目──④（マニュアルへの落とし込み）

　このように、1ヶ月ごとにやるべきことを決め、計画に沿って進めていきます。これが長期にわたる仕事を期間内に完成させるための段取りの組み方です。

チャンクダウンで仕事を細分化する

　長期にわたる仕事を期間内に段取りよく進めていくには、具体的に何をやるのか、作業のリストアップがカギです。何をやるかがはっきりしないと、何からはじめていいかわからず、いつまでも手付かずに残ることになりかねません。

　大きな仕事の塊を小さくほぐすことを、「**チャンクダウン**」と呼びます。チャンクダウンについては、119ページでも説明していますので、参考にしてみてください。

■ 逆算してスケジュールを立てる

やるべきことをリストアップ

- ① ──── ⑥ ────
- ② ──── ⑦ ────
- ③ ──── ⑧ ────
- ④ ──── ⑨ ────
- ⑤ ──── ⑩ ────

逆算してスケジュール化

- ・3ヶ月前　①②
- ・2ヶ月前　③④
- ・1ヶ月前　⑤⑥⑦
- ・2週間前　⑧
- ・1週間前　⑨⑩

納期達成!

4章

「うっかり忘れ」を
なくしてミス防止

うっかり忘れが信用をなくす……！

　あとでやろうと思っていた作業をうっかり忘れてしまったり、今日が締め切りの書類を提出するのをうっかり忘れてしまったり……。「忘れずにやらなきゃ」と注意していても、うっかり忘れてしまうことがあります。うっかり忘れは、日常業務で頻繁に起きるミスです。

「うっかり」というと、軽い感じがするかもしれません。でも、やるべきことをやらずにいると、あなたの評価が下がるだけでなく、場合によっては**会社の信用を傷つけるなど深刻な事態に発展するかもしれません。**

　また、仕事には直接関係のないちょっとした約束事でも、うっかり忘れは禁物です。

　例えば、雑談中に相手が興味を持った情報を、「あとでメールしておきますね」と約束したとします。私たちは、こうしたちょっとしたことを気軽に言いがちですが、仕事に直接関係ない約束は、忘れてしまうことがあります。

　しかし、約束されたほうは、覚えているものです。「あとで送ると言っていたのに、いい加減な人だな」と相手を失望させないためにも、気軽な約束こそ忘れずに実行することが大事です。

　小さな信頼を積み重ねていくことで、あなたという人間の信頼が築かれていきます。「あの人は約束をきちんと守る人

だ」と一目置かれるようになれば、あなた自身の仕事がしやすくなり、ひいては仕事の生産性向上にもつながっていきます。

　特にリモート環境では、この小さな信頼の積み重ねがあるかないかによって、仕事のやりやすさが断然違ってきます。

　上司の立場になって考えてみればわかります。部下の様子を常に見ることができないリモート環境では、普段の仕事ぶりを思い返しながら部下に指示を出すことになります。

　普段からミスなくきちんと仕事をしている部下に対しては、「リモートワークでも手を抜いたりしないはず」という信頼のもと、部下の自主性を尊重しながら指示を出すでしょう。

　一方、うっかり忘れの多い部下に対しては、「任せておいて大丈夫だろうか」と疑念が湧くので、指示内容は細かくなります。「今は何をやってるの？」「どれだけの時間がかかったのか報告して」など細かな報告も求めようとします。部下は監視されているように感じて、仕事はやりにくくなります。

　では、どうすればうっかり忘れをなくせるのでしょうか。

　先に述べた通り、人間はうっかり忘れる生き物です。その特性を理解した上で、うっかり忘れを防ぐための仕組みや環境整備が必要です。その具体的な方法をこれから解説していきます。

23

机の上を
戦略基地化しよう

散らかったデスクの悪影響

　うっかり忘れが起きる原因のひとつが、環境の乱れです。

　1章の冒頭で、新入社員の基本行動として、「場を清める」ことの大切さについて触れました。私たちが仕事をする場といえば、真っ先にデスクがあげられます。デスクまわりが散らかっていると、うっかり忘れなどのミスにつながります。

　例えば、大事な書類がほかの書類に紛れてしまえば、存在自体が忘れ去られて、提出期限に間に合わないかもしれません。

　あるいは、ToDoを書いたメモの行方がわからなくなり、その日にやるべきことをうっかり忘れるかもしれません。

　このように、**デスクまわりが散らかっていると、ものを紛失しやすくなります**。処理すべき書類や重要なメモが視界から消え、意識からも消えて、うっかり忘れにつながってしまうのです。

　また、雑然としたデスクまわりは、うっかり忘れだけでなく、**あらゆるミスの温床**になります。

　整理整頓されていないデスクでは、必要な書類や道具をす

ぐに取り出すことができません。例えば、仕事で不明点が
あった時に、マニュアルがどこにあるかわからなければ、
「だいたいこんな感じだろう」と思い込みで進めてしまいま
す。するとどうなるでしょうか。あとで手順や項目に間違い
が発覚すれば、やり直しの二度手間が生じます。

　また、探し物に時間がかかって気分がイライラしたり、余計
なものが視界に入って気が散ったりして、仕事に集中すること
ができません。それが結果的にミスを招くことになるのです。

デスクまわりの戦略基地化

　では、ミスを引き起こさないためには、デスクまわりをど
のように整えていけばいいのでしょうか。

　どこに何があるかひと目でわかる状態なら、ものの紛失に
よるうっかり忘れや、必要なものをサッと取り出せないこと
によるミスを防ぐことができます。そのために、まずは、あ
るべきものがあるべき場所にあるスッキリとした状態に整え
ていきます。

　そして、私たちが最終的に目指すのは、**作業スピードや作
業効率を意識した「デスクまわりの戦略基地化」**です。

　単にデスクまわりがきれいに片づけられているだけでは、
仕事がサクサクはかどる戦略基地にはなりません。どんなも
のもワンアクションで取り出せて、しまいやすい。そんな使

い勝手のよいデスクまわりこそが、仕事でミスの起きにくい理想の環境なのです。

　デスクの戦略基地化は、次の２つのステップで行ないます。

１．定置管理を徹底する

　デスクまわりが散らかるのは、ものの置き場所が決まっていないからです。使ったものを置きっぱなしにしたり、適当な場所に置いたりすれば、ものの行方がわからなくなってしまいます。

　新たな習慣として、使ったら元の場所に戻すことを意識しましょう。あるべきものをあるべき場所で管理することを、「定置管理」と呼ぶことを前述しました。定置管理は整理整頓の基本です。

　使ったら元の場所に戻す。そのたった数秒の手間を惜しまなければ、デスクまわりをスッキリした状態に保つことはそれほど難しくはありません。

　定置管理ができるようになると、余計なものが増えるのも防ぐことができます。「探しても見つからないから買い足す」というムダがなくなるからです。

　補足すると、ものが多すぎるのも、デスクまわりが散らかる原因です。まだものが増え過ぎていない今のうちから、定置管理を習慣にして、ミスなく仕事ができる環境を整えましょう。

2．作業動線と作業効率を考えてレイアウトする

デスクを戦略基地化するには、もうひと工夫が必要です。

定置管理されていても、毎日使うものが取り出しにくい場所にしまわれていては、作業効率が悪くなります。毎回取り出すのが億劫になり、それなしで仕事を進めようとすれば、ミスの要因になります。**何をどこに置けば効率よく仕事ができるかを考えて、レイアウトを決めていくのが次のステップ**です。

ポイントは、作業動線と使用頻度を考えたレイアウトです。

まず、作業動線です。電話対応を例にとって、電話対応に必要な道具のレイアウトを考えてみましょう。

電話対応で必要な道具は、電話機、ペン、メモです。それぞれデスク上のどの位置に置くと、スムーズに電話対応ができるでしょうか。

考えられる配置としては、ペンは取り出しやすいようにペン立てに立て、メモと一緒に利き手側に置きます。電話機をその反対側に配置すれば、電話が鳴ったらすぐに必要なものを手に取り、大事な内容をメモするという一連の動きをスムーズに行なえます。

また、デスクの上に書類を置くなら、平積みではなく、ファイルボックスなどを活用して、必ず立てるようにします。平積みされた書類は、取り出しにくい上に、その上に書

類が山積みされて、埋もれて忘れ去られる原因になります。

　引き出しの中は、**使用頻度を考えて収納**するものを決めて
いきます。三段タイプの引き出しの場合は、次のように考え
ます。
・上段——よく使うが、デスクの上に置くほどではない文房
　　具
・中段——一筆せんなど、上段よりも使用頻度の低い文房具
・下段——本や書類を、ファイルボックスなどに立てて収納
　　各段は、「手前」「中」「奥」の３つに分け、よく使うもの
は引き出しの手前に、あまり使わないものは奥にしまうと、
効率的な引き出しの使い方ができます。

　最近は、三密を避け、オフィス面積を効率的に活用するた
め、固定席を設けず、デスクをシェアして使う会社も増えて
います。その場合、備えつけの引き出しはなく、個人に割り
当てられたロッカーで仕事用の私物を保管します。そして、
毎朝、その日に使うものを取り出して、好きな場所に座って
仕事をすることになります。
　この場合、カギとなるのは、個人ロッカーの中の整理整頓
です。
　ロッカーの中にものが乱雑に詰め込まれていると、埋もれ
た書類の提出期限が過ぎてしまったり、必要な時に必要なも

のが取り出せなかったりして、ミスの原因になります。

　ロッカーの中にも定置管理を取り入れましょう。

　書類は、ファイルボックスを使い、ロッカーの中に立てて収納します。ペンケースには、立てるとそのままペン立てになるタイプを使えば、デスクでそのまま使えて便利です。容量が限られたロッカーでは、デスクまわり以上にものを増やさないことが重要になります。

　固定席で仕事をする場合も、デスクをシェアする場合も、場の乱れがミスを引き起こします。まずは、あるべきものがあるべき場所にある状態をつくり、ミスなく、効率的に仕事が進められる環境を整えましょう。

■ デスクの戦略基地化

電話は利き手と反対側にすると取りやすい

ダラダラ仕事をなくすために時計を見える位置に

「書類は立てる」が鉄則!

メモ帳と筆記具は利き手ですぐに取れるように置く

24

フォルダや書類ボックスで
流れを「見える化」しよう

▎デスクトップのファイルを増やさない

　任される仕事が増えていくと、パソコンのデスクトップには作業中や作業済みのファイルがたくさん並ぶようになるでしょう。そして、放っておくと、いつの間にかデスクトップがファイルでいっぱいになってしまいます。

　すると、どんなことが起きるでしょうか。

　今日締め切りの作業ファイルがほかのファイルに埋もれてしまい、仕上げるのをうっかり忘れてしまった……、ということも起こり得ます。

　つまり、デスクトップが散らかった状態では、必要なファイルを見失いやすく、すぐに取り出せなかったり、うっかり作業し忘れたりするなどのミスを招きやすくなるのです。

　それに、朝パソコンを立ち上げた途端、ファイルで埋め尽くされた画面が出てきたら、朝から仕事に追われている感じがして、1日のスタートが憂鬱になってしまいますね。

　パソコンのデスクトップも、デスクの上と同じく戦略基地です。うっかり忘れなどのミスが起きないように、デスクトップをスッキリとした状況に整えておくことが大切です。

　デスクトップの整理整頓にも、定置管理の考え方を取り入れましょう。**デスクトップには必要最低限のフォルダのみ置いて、そこですべてのファイルを管理するようにします。**目安となるフォルダの数は、**ゴミ箱を含めて５つまで**です。

　作業中は、ファイルにアクセスしやすいように、デスクトップにファイルを置いておいても構いません。しかし、あくまで仮置きです。１日の終わりには、ファイルを保管すべきフォルダに戻す習慣をつけ、デスクトップに放置しないようにしましょう。

分類上手は整理上手

　ファイル管理は、分類が肝です。適切に分類がなされ、同じフォルダには同じカテゴリーのファイルが格納されるというルールが守られて、はじめてファイル管理がうまく機能します。

　分類には、顧客別やプロジェクト別、年代ごとに並べる時系列などいろんな方法があります。自分の業務内容や仕事のスタイルに合った分類方法を見つけてみてください。

　ここでは、新人の皆さんにも使いやすく、うっかり忘れも防ぐことのできる、進捗状況で３つに分けるファイル管理をご紹介します。

・未処理──これから手をつける案件や、処理途中の案件
・進行中──自分の処理は終わったが、上司の指示や他の担当者の処理、お客様のフィードバックを待っている案件
・処理済み──処理が完了した案件

　このように処理の流れがわかる分類にすることで、これから自分が作業すべき案件に関するデータは「未処理」フォルダに、上司や他の担当者からの返事待ちの案件は「進行中」フォルダの中に入っている、ということがすぐにわかります。

　各フォルダの中は、作業日を示す日付で管理します。その方法を詳しく説明しましょう。

　まず、「未処理」フォルダです。

　フォルダの中は、「いつ作業するか」という日付ごとにさらにフォルダ分けします。2階層目の各フォルダには、その日に作業すべき案件に関連するデータを入れておきます。

　こうすれば、いつ作業すべきかが明確なので、うっかり作業し忘れることがなくなります。また、「あのデータどこに行った？」と探さずに済み、その日のフォルダを開くだけで仕事に取りかかれます。

　日付のフォルダは、仕事を指示されて、「いつやるか」を決めた時点で作成します。スケジュール帳やイントラネットのカレンダーに記入にするのと同じタイミングです。

　次に、「進行中」フォルダです。ここには、自分の作業は終わったものの、上司や先輩に確認してもらっている最中のものや、他の担当者の処理を待っている段階のものが入っています。

　2階層目は、上司や先輩、他の担当者に「いつまでに戻してもらうか」という期限でフォルダ分けします。

　例えば、上司に「5月15日までにご確認をお願いします」と依頼済みの案件は、「5月15日」のフォルダに入れておきます。5月15日の朝、「進行中」フォルダを開いて、「今日が返事をもらう日だな」と確認したら、「今日を期限にお願いしていたチェックのお戻しですが、午前中にいただけそうでしょうか」と、上司にリマインド（念押し）のメールを送っておくこともできます。

　他人にアクションしてもらわないと先に進まない仕事の場合、ただ待っているだけでは、返事をもらうのが遅れて、うっかり納期に間に合わない恐れもあります。まわりの人に依頼した作業の期限も管理できる仕組みにしておけば、まわりの人を巻き込んだ仕事もスムーズに進めることができます。

　最後に、「処理済み」フォルダです。作業が完了した案件のうち、**自分のパソコンにストックしておきたいファイル**をここで管理します。

　作業は完了しているので、日付で管理する必要はありませ

ん。あとで探しやすいように、顧客別やテーマ別などで分類します。あなたの仕事内容に合った分類を工夫してみてください。

書類の管理も3つの分類で

進捗状況に応じたファイル管理法は、書類の管理にも応用することができます。

3つのファイルボックスを用意します。これから着手する書類や処理中の書類は「未処理」ボックス、上司や他の担当者からの返事待ちの書類は「進行中」ボックス、処理が完了した書類は「処理済み」ボックスに入れて管理します。

ボックスの中は、案件ごとにクリアファイルに入れて整理しておくと、情報をさっと取り出すことができます。また、納期を付せんに書いてクリアファイルに貼っておけば、納期が一目でわかり、納期遅れを防ぐこともできます。

データも書類も、作業のうっかり忘れや納期遅れを防ぐには、進捗を日付で管理するのがコツ。処理の流れを見える化した管理方法で、作業のし忘れを防ぐとともに、効率的な管理で仕事の生産性を上げていきましょう。

● 書類は時系列で並べる

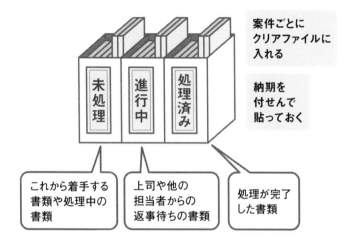

案件ごとに
クリアファイルに
入れる

納期を
付せんで
貼っておく

これから着手する
書類や処理中の
書類

上司や他の
担当者からの
返事待ちの書類

処理が完了
した書類

● デスクトップは3つのフォルダで管理

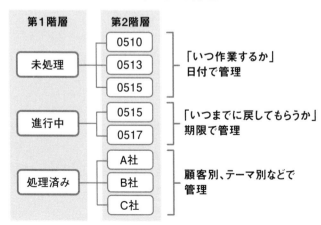

25

1日、1週間、1ヶ月の仕事の流れを確認しよう

　1日のはじめには、その日にやるべき仕事を確認するだけでなく、**1日の流れをシミュレーションする**ことも大事です。

　例えば、その日の午前中のうちに、課長に捺印してもらって提出すべき書類があるとします。課長のスケジュールを見ると、10時から会議の予定が入っています。

「会議の前は課長も慌ただしいだろうから、朝礼が終わったらすぐに課長に捺印してもらおう」

　まわりの人の動きも含めて1日の流れを俯瞰することで、仕事がスムーズに進むだけでなく、周囲への"思いやりのバトン"を手渡せる仕事につながります。

　反対に、相手の動きを考慮せず、自分の思いつきだけで行動すると、独りよがりな仕事の進め方に相手を巻き込み、相手に迷惑をかけてしまいます。

　週のはじめには1週間、月のはじめには1ヶ月の仕事の流れも大まかに把握しておくとよいでしょう。

「今月は月末に3日連続で研修が入っているから、いつも月末に行なう仕事を少し前倒しで進めておく必要があるな」などと事前にシミュレーションしておくと、月末になって慌て

たり、忙しくなり過ぎてやるべきことをうっかり忘れるといった事態を防ぐことができます。

　やるべき仕事には、日々の業務のほかにも、毎月提出が決められている書類や、後処理的な仕事なども含まれます。例えば、研修が終わってから１週間以内に提出する報告書や、毎月３日までに提出する勤怠管理表などです。

　これらの細かい仕事は、普段の業務の中で意外に多く発生します。しかも、うっかり忘れがちです。うっかり忘れないためには、毎月の細かな仕事もすべてToDoリストやスケジューラーに書き出しておき、定型業務として組み込んでいくことが大切です。

　１日、１週間、１ヶ月の流れを俯瞰して、全体感を持って仕事に取り組むことで、細かなルーティンのうっかり忘れを防いでいきましょう。

26

自分の動線上にToDoを
見える化しよう

　ToDoリストに書き出すほどではなくても、忘れてはいけない用事があります。例えば、「今日中にこの郵便を投函しておいて」とか、「ランチに出るついでに文房具を買ってきてほしいんだけど」といった、ちょっとした頼まれ事などはその典型。

　それ自体は大したことのない用事でも、頼んだ人にとっては緊急の用件かもしれません。うっかり忘れてしまえば、相手に迷惑をかけてしまいます。

　うっかり忘れないための対策としては、**その行動を取るにあたって必ず使うものや目にする場所に、やるべきことを見える化する方法**が効果的です。

　例えば、会社帰りにその日の郵便物を投函する役目を担っているなら、郵便物が入ったトレーを自分が退社時に通る動線上の見える場所に置いておきます。

　あるいは、ランチのついでに買い物を頼まれたなら、必ず持ち歩くスマホに買うものの付せんを貼っておきます。スマホを手に取った時に付せんを見れば、思い出すことができます。

　動線上でのリマインドは、備品の定置管理にも活用できます。ある会社では、備品の整理整頓を任された若手社員が、ユ

ニークな方法で定置管理を行なっていました。作業机から備品を持ち出して使った人が、元の場所に戻しやすくするために、戻すべき場所に、「ホチキス」や「大パンチ」など原寸大の写真と備品名を貼ったのです。これにより「気づく→わかる→できる」という意識づけになり、備品は自然と元の場所に戻されるようになったそうです。

　動線上でやるべきことを見える化することで、自分のうっかり忘れを防ぐだけでなく、まわりの人も「してほしい行動」に導くことができます。そのためのアイデアを提案しながら、皆がおのずと動ける状況をつくりましょう。

● 備品の定置管理法

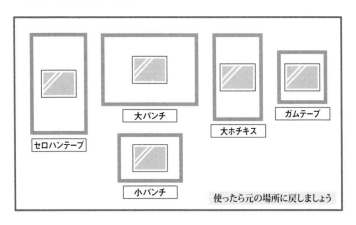

セロハンテープ	大パンチ	大ホチキス	ガムテープ

小パンチ

使ったら元の場所に戻しましょう

27

自分に甘い後まわしグセは
やめよう

後まわしにしがちな仕事

忘れているわけではないし、そのための時間が取れないわけでもないけれど、つい後まわしにしてしまう仕事はありませんか。

苦手意識のある仕事や、手間がかかりそうな仕事は、後まわしにしがちです。新入社員の場合、初めて取り組む仕事も、どう進めていいかわからずに、後まわしになりがちかもしれません。「あとで先輩に相談してみよう」と思いつつも、そのままになってしまうことはよくあるようです。

また、入力作業や研修のレポート作成などやり方の定まった仕事よりも、提案書作成やマニュアル作成のような、頭を使って新たな価値を生み出す仕事のほうが、心理的負担が大きく、取りかかりにくいと感じるかもしれません。

やるべき仕事を後まわしにしていると、どうなるでしょうか。

ぐずぐずしているうちに納期が迫って、最後は「エイヤ！」とやっつけ仕事になります。もしくは、納期に間に合わなくなるかもしれません。いずれにしても、相手の期待す

毎度ご愛読をいただき厚く御礼申し上げます。お客様より収集させていただいた個人情報
は、出版企画の参考にさせていただきます。厳重に管理し、お客様の承諾を得た範囲を超
えて使用いたしません。メールにて新刊案内ご希望の方は、Ｅメールをご記入のうえ、
「メール配信希望」の「有」に○印を付けて下さい。

図書目録希望　　　有　　　　無	メール配信希望　　　有　　　無

フリガナ			性　別	年　齢
お名前			男・女	才

ご住所	〒 TEL　　　（　　　）　　　　　　Ｅメール

ご職業	1.会社員　　2.団体職員　　3.公務員　　4.自営　　5.自由業　　6.教師　　7.学生 8.主婦　　9.その他（　　　　　　　　　　　　　　）

勤務先 分　類	1.建設　2.製造　3.小売　4.銀行・各種金融　5.証券　6.保険　7.不動産　8.運輸・倉庫 9.情報・通信　10.サービス　11.官公庁　12.農林水産　13.その他（　　　　　　　　）

職　種	1.労務　　2.人事　　3.庶務　　4.秘書　　5.経理　　6.調査　　7.企画　　8.技術 9.生産管理　10.製造　11.宣伝　12.営業販売　13.その他（　　　　　　　　　　）

愛読者カード

書名

◆　お買上げいただいた日　　　　　　年　　　月　　　日頃
◆　お買上げいただいた書店名　　（　　　　　　　　　　　　）
◆　よく読まれる新聞・雑誌　　　（　　　　　　　　　　　　）
◆　本書をなにでお知りになりましたか。
　1．新聞・雑誌の広告・書評で　（紙・誌名　　　　　　　　　）
　2．書店で見て　3．会社・学校のテキスト　4．人のすすめで
　5．図書目録を見て　6．その他（　　　　　　　　　　　　　）

◆　本書に対するご意見

◆　ご感想
　●内容　　　　　良い　　普通　　不満　　その他（　　　　　）
　●価格　　　　　安い　　普通　　高い　　その他（　　　　　）
　●装丁　　　　　良い　　普通　　悪い　　その他（　　　　　）

◆　どんなテーマの出版をご希望ですか

<書籍のご注文について>
直接小社にご注文の方はお電話にてお申し込みください。宅急便の代金着払いにて発送いたします。1回のお買い上げ金額が税込2,500円未満の場合は送料は税込500円、税込2,500円以上の場合は送料無料。送料のほかに1回のご注文につき300円の代引手数料がかかります。商品到着時に宅配業者へお支払いください。
同文舘出版　営業部　TEL：03-3294-1801

る成果を出すことは難しくなります。

仕事をチャンクダウンする

とっつきにくいと感じるのは、仕事を大きな塊で捉えていて、どこから手をつけていいかわからないことが原因です。一気に片づけるには時間と手間がかかりそうな仕事の場合、「なんだか大変そう」と億劫に感じて、後まわしにしてしまいます。

防止策としては、最初に大きな仕事の塊を小さな塊にほぐす、つまりチャンクダウンするのがコツです。

塊が小さくなれば、仕事に取りかかる心理的負担が軽くなり、最初の一歩を踏み出しやすくなります。小さな塊をひとつずつ片づけていけば、確実にゴールにたどり着くという見通しも立ちます。

例えば、あなたが総務部に配属されたと仮定して、総務部主導で業務改善活動を行なうにあたり、各部門への通達文を作成するよう上司に指示されたとします。業務改善活動に携わるのも、通達文を作成するのも、あなたは初めての経験です。

さて、どのように進めていきましょうか。

どこから手をつけていいかわからずに戸惑ったら、「業務改善活動の通達文を作成する」という大きな仕事の塊を、い

くつかの小さな塊に分解し、取りかかる順番に並べます。

　以下に一例をあげてみましょう。

①過去の通達文のファイルを見て、今回の内容と類似する通達文がないか調べる

②社内を巻き込むための文章にするには、どのようなアプローチが効果的か、先輩や他部門の同期社員にヒアリングする

③過去の類似例と、ヒアリングを参考にして、通達文を書く

④通達文を上司に見せ、フィードバックをもらって修正する

　いかがでしょうか。①に書いたように、過去の通達文から類似例を探すための調査なら、それほど負担に感じずに、すぐに取りかかれそうですね。

　次に、それぞれの塊に、どれくらいの時間をかけて取り組むかを決めます。例えば、①の調査に１時間、②のヒアリングに１時間、③の通達文作成に１時間、④の上司への確認と修正に１時間、という具合です。

　その日の仕事量や納期によっては、最初の２つを今日、残り２つを明日、と分けてスケジュールに組み込むことできます。

　仕事を細切れに分解するほど、最初の一歩が踏み出しやすいだけでなく、それぞれの塊を片づけるのに**要する時間も予**

測しやすく、仕事を着実に進めていくことができるのです。

　最初の一歩を億劫に感じるのは、あなたが怠け者だからではありません。人には、行動を起こす初動に最も心理的な負担を感じて、気が重くなるという特性があるそうです。

　その一方で、飛び込んでしまえば、やっていくうちに気分が乗ってきて、どんどん進めていくことができます。

　あなたにもそんな経験はないでしょうか。最初は面倒に感じていた部屋の掃除も、いざはじめてみると楽しくなってきて、気づいたら家中の掃除をしていた──、というのはよくある話かもしれません。

「最初の4分間を乗り越えれば、その後もうまくいく」と唱えたのは、心理学者のレナード・ズーニンです。気乗りがしないことも、まずは4分間やってみると、徐々に心理的負担が軽減されて、物事がスムーズに進んでいく。人にはそんな傾向があると知っておくだけで、最初の一歩を億劫に感じる気持ちも軽減されるのではないでしょうか。

　仕事をチャンクダウンしたら、あれこれ考えずにやってみる。小さな一歩ならはじめやすいはずです。細切れのステップで仕事を着実に進めて、後まわしをなくしていきましょう。

28

上司からの指示を
「はきもの」で見える化しよう

指示内容をきちんと把握する

　上司の指示を受けて仕事に取りかかる前に、押さえるべき
ポイントが3つあると前述しました。覚えていますか？

　それは、「納期を守る」「目的を理解する」「出来栄え基準
を共有する」ことです。

　もし、上司の指示をうっかりいい加減に聞いてしまい、自
分勝手な間違った解釈で仕事を進めてしまえば、上司の意図
する仕上がりにならない可能性があります。上司が求める納
期、仕事の目的、出来栄え基準を正しく理解することが、ミ
スゼロ仕事の大前提です。

　指示内容を正しく理解するために、まず心がけたいこと
は、メモを取る習慣です。33ページでもお伝えしたとおり、
上司の指示を受ける時は、自分の記憶を過信せず、必ずメモ
を取りましょう。

　さらに、上司から必要な情報を漏らさず引き出すために
は、メモの取り方にコツがあります。それをこれから説明し
ましょう。

上手なメモの取り方「はきもの」

上司の指示をただ聞いてメモを取るだけでは、正しく理解できるとは限りません。すでに述べた通り、上司は部下が自分と共通認識を持っていると思い、詳しい説明を省いたり、指示が曖昧になったりすることがあるからです。

上司から十分な説明がない場合は、**部下が積極的に不明点を上司に質問する必要があります。**

しかし、仕事に慣れないうちは、何の情報が不足していて、何を質問すればいいのか、とっさに判断できないこともあります。また、わからないことが多すぎて、「何がわからないのかも、自分ではよくわからない」という新入社員の悩みもよく聞きます。

そこで活用したいのが、**上司の指示をヌケモレなく理解する**ための「はきもの」のフレームワーク（枠組み）です。

は：その仕事が発生した背景
き：期限
も：その仕事の目的
の：作業の能率を上げるための情報

実際にどのように使うのか、解説しましょう。

例えば、「過去半年分のクレームデータを集計して、でき

るだけ早く持ってきてほしい」と上司から指示されたとします。「はきもの」のフレームワークを使って、上司の指示を正しく理解するために必要な情報を聞き出してみます。

あなた：「**クレームデータを集計する背景には**、どういった事象が起きているのでしょうか」
上　司：「去年に比べてクレームの数が増えているんだよ。だから、早急に再発防止策を講じたいと考えているんだ」
あなた：「そういった背景があるのですね。集計したデータは**どのように活用されますか**」
上　司：「月末の幹部会議で、クレームの上位3つについての再発防止策を検討したい。その会議で使うための資料だ」
あなた：「わかりました。それでは、**進め方としては**、半年間のクレームを集計し、上位3つをリストアップすればいいですね」
上　司「そうだ。それで進めてほしい」
あなた「できるだけ早くとは、**いつまで**をご希望ですか」
上　司「来週水曜の午前中のうちにもらえると助かるよ」

「はきもの」を意識しながら指示を受ければ、その仕事の目的や期限だけでなく、目的を理解するために知っておきたい仕事の背景も効率よく聞き出すことができます。
　また、能率を上げるための情報として、集計の進め方につ

いて質問していますが、「上位3つをリストアップする」という上司の回答から、これが上司の求める出来栄え基準であることが理解できます。

　他にも代表的なフレームワークとして、5W1Hがあります。

Why：なぜ（目的）
What：何を
When：いつまでに（納期）
Who：誰が
Where：どこで
How：どのように（能率）

　上司からの指示は、「はきもの」や5W1Hのフレームワークを意識しながら聞き、要点を箇条書きでメモしましょう。確認すべき要素にヌケモレがないかを注意しながら、足りない要素は上司に質問しながら埋めていきます。書き留めたあとに復唱すれば完璧です。
　このように、仕事の指示を受ける時は、不足する情報を自分から聞き出せるためのフレームワークを持ち、必要な要素をメモに書き出し、上司と合意を得ておくことが、ミスのない、質の高い仕事につながります。

29

メモの二次加工で
確実に行動に移そう

メモをしても実行しなければ水の泡

うっかり忘れないためにメモを取っているのに、それでもうっかり忘れてしまうことがあります。

よくあるのは、メモしたことを忘れてしまって、そのまま放置してしまうパターン。

あるいは、メモしたことは覚えているけれど、どこに書いたのかを忘れてしまい、実行に移せないというパターンもあります。これは、34ページで説明したように、メモのツールが一元化されていないことが原因です。メモ帳を1冊にまとめる、スマホのメモ機能だけを使う、などツールをひとつに決めることで解決できます。

せっかくメモを取っても、実行しなければ意味がありません。メモしたことを確実に行動に移すには、そのためにひと手間をかけること、すなわち二次加工が必要です。

メモの二次加工の方法

上司の指示を受けてメモしたことは、「いつやるか」を決

めて、その日のうちにスケジュール帳やスケジューラーに転
記します。これをしないと、せっかくメモした内容が放置さ
れ、実行に移されないまま忘れられてしまいます。

　すぐに実行しなくていい仕事は、特に注意が必要です。時
間の経過と共に、メモしたことすら忘れてしまいます。納期
までに余裕があり、先々に持ち越せる仕事ほど、「いつやる
か」を決め、スケジュール帳のその日の欄に忘れずに転記し
ましょう。

　スケジュール帳は、1ヶ月が見開きになったマンスリー型
がおすすめです。1ヶ月を俯瞰しながら、日々の仕事量が偏
らないようにスケジュールを立てられるので便利です。

　このスケジュール帳を毎朝確認する習慣をつけて、やるべ
きことのうっかり忘れを防ぎましょう。

　メモしたその日のうちに実行に移す場合、116ページでお
伝えしたように、動線上でのリマインドも併用するとより確
実です。

　メモするだけでは、それだけで安心してしまい、やり忘れ
てしまうことがあります。スケジュールへの落とし込みや、
動線上へ組み込む作業などのひと手間を惜しまないことで、
メモしたことを確実に行動に移していくことが大切です。

5章

顧客対応の
ミス防止

苦手意識を持たずに経験を積む

　新入社員研修で聞かれる困り事で圧倒的に多いのが、「顧客対応でミスしたらどうしよう」という不安です。

　その中でも、電話対応でのミスを不安に思う声が真っ先にあがります。

　電話では、お客様の顔が見えません。どういう人から電話がかかってくるのか、早口で話す人なのか、こちらの質問にきちんと答えてくれる人なのかもわかりません。また、自分がわからないことを聞かれたらどう対応したらいいのかもわかりません。**電話の向こうの相手や会話の展開を予測できないことが、不安を掻き立てている**ようです。

　こうした不安は、電話対応で起こり得るミスを事前に想定して、対策を講じておけば、ある程度減らすことができます。

　本章では、顧客対応の中でも、電話対応にまつわるミスとその防止策にかなりの割合を割いています。電話対応に不安を感じる人は、ぜひ参考にしてみてください。

　顧客はパートナーである一方で、対応の不備が、長年の取引を中断させてしまうこともあるほどシビアな関係でもあります。

　そんな大袈裟な!?　と思うかもしれませんが、実際にあった顧客対応の不備と、その顛末を紹介しましょう。

　ある会社の周年記念パーティに、得意先の経営者夫妻が招かれました。ところが、奥様の席札には、なんとこの経営者の前

妻の名前が間違えて印刷されていたのです。指摘によってミスが発覚すると、その場は一瞬にして凍りついたそうです。

　このミスは、顧客データが最新のものに更新されていなかったことが原因です。妻の名前を前妻と間違えるという失態のせいで、相手に感謝の気持ちを伝えるはずの場が、相手の心情を傷つける結果になってしまいました。その後、この会社は得意先からの発注を失いました。

　顧客対応は、「100 − 1 = 99」ではなく、「100 − 1 = 0」の世界です。つまり、たったひとつの不備が、それまで築き上げてきた会社の評価をゼロにしてしまうこともあるのです。

　電話の取り次ぎやメール対応などのお客様との接点では、「自分が会社を代表している」という意識を忘れてはなりません。

　こう言うと、余計に不安を煽ってしまうかもしれませんね。ミスは避けなければなりませんが、かといって、電話対応に苦手意識を持ちすぎるのもよくありません。

　不安を払拭するには、**電話対応に慣れるのが一番の近道**です。経験を積めば、電話対応での会話の展開が予測できるようになり、苦手意識も薄らいでいくはずです。ミス防止策を講じながら、どんどん経験を積んでいきましょう。

30

聞き間違い防止の
復唱確認は必ずしよう

聞き間違いによるミスを防ぐ

電話対応で気をつけたいのは、**聞き間違いによるミス**です。電話でお客様の名前や連絡先を聞き間違えたり、聞き間違えたまま伝言してしまったりすることです。

聞き間違いによるミスは、次の2つの対策を講じれば、未然に防ぐことができます。

ひとつ目の対策は、相手の名前や会社名を正しく聞き取るための補助ツールとして、**顧客情報を見える化**することです。

相手の声が聞き取りにくい環境や、相手の話し方が聞き取りにくい場合には、聞き間違えたり、何度も聞き返してしまったりすることもあるでしょう。耳からの情報だけに頼らず、視覚でも確認できるように顧客情報を見える化しておくと、落ち着いて対応でき、ミスも減らせます。

2つ目は、それでも聞き間違えてしまった場合の対策として、**相手からの情報を復唱して、確認する**ことです。

これらの対策を講じながら、かかってきた電話を取ると、次のようになります。

あなた：「はい、藤田コーポレーションでございます」
相　手：「わたくし、ABC商事の山田と申します」

　相手の会社名と名前を正しく聞き取れるかが、第一関門です。わかりやすい名前なら問題ありませんが、耳慣れない名前は聞き間違えるリスクが高まります。例えば、私の会社は「ビジネスプラスサポート」ですが、「ビジネスクラスサポート」や「ビジネスサポートプラス」などとよく間違えられます。

　この時、よく電話がかかってくる顧客の情報が一覧になっていれば、それを目で確認しながら応答することで、聞き間違いを防ぐことができます。最大100社までの顧客リストを1枚にまとめ、50音順に会社名、担当者名を並べて、デスクの見える場所に貼っておくとよいでしょう。

　相手が名乗ったら、必要に応じて顧客リストの助けを借りながら、相手の名前を復唱します。

あなた：「ABC商事の山田様でいらっしゃいますね。いつもお世話になっております」
相　手：「こちらこそいつもお世話になっております。恐れ入りますが、営業企画部の岡山様はいらっしゃいますでしょうか」

　次は、電話を社内の担当者へ取り次ぐ場面です。
　ダイヤルインで直接自分たちの部門宛ての電話を受ける場

合と、会社の代表電話にかかってくる電話を受ける場合があります。後者の場合、社内にどんな部門があるのか把握していないと、担当部門へスムーズに取り次ぐことができません。

　ここでも、社内の部門の見える化が役立ちます。**会社の組織図を1枚にまとめ**、手元に置いておくと、社内の組織図を確認しながらスムーズに取り次ぐことができます。

　一方、担当者が不在の場合は、不在対応のプロセスに進みます。不在時の対応では、必要なら伝言を承るなど臨機応変に対応する必要があるため、「うまく対応できなかったらどうしよう」「伝言の内容をスムーズに復唱できるか不安」と感じている人が多いようです。

　不在時の対応も、これから述べる4つのステップと復唱のポイントをあらかじめ押さえておけば大丈夫です。順を追って説明していきましょう。

　不在時の対応に必要なのは、①**お詫び**、②**状況説明**、③**代案提示**、④**意向伺い**の4つのステップです。

あなた：「申し訳ございません（①お詫び）。あいにく岡山は、席を外しております。16時頃には席に戻る予定です（②状況説明）。もしよろしければ、岡山が戻り次第、こちらからお電話を差し上げますが（③代案提示）、いかがいたしましょうか（④意向伺い）」

「では、折り返しお電話をお願いします」と相手がおっしゃったら、相手の電話番号を伺い、復唱して確認します。

　相手が伝言を希望された場合は、伝言を承ります。この時、要点をまとめて端的に話す相手なら問題ありませんが、思いつくまま話す相手の場合は、聞き方にも工夫が必要です。

　コツは、相手が伝えたいポイントの「<u>見出しを立てながら聞き、見出しに沿って復唱する</u>」ことです。伝言の内容をメモする際にも、見出しを立てながらメモすると、あとで復唱しやすくなります。

　相手が思いつきで話す次の内容に、あなたならどんな見出しを立てるか、考えてみてください。

相手：「それなら岡山さんに伝えておいてほしいのですが、来週の金曜日の会議ですけれどもね、時間をね、できれば変更してほしいんです。今、1時ということになっていますが、2時に変更してもらえるように伝えていただけますか。そうそう、それと、この前データを送ったんですが、その資料を20部コピーしておいてもらえるよう伝えておいてもらえますか」

　文字を追うだけではなかなか要点がつかめませんが、見出しを立てると、「1．会議の時間変更（1時から2時へ）、2．資料コピー（20部こちらで用意）」が話の要点だと理解

できます。

　最後に、これらの見出しに沿って復唱していきます。聞き間違えやすい言葉を別の言葉に言い換えることがポイントです。

あなた：「かしこまりました。それでは、**ご伝言は2点でございますね**。まず**1点目は**、来週25日金曜の会議の時間を、**13時から14時**に変更されたいということ。**2点目は**、レジュメのコピーを20部、こちらでご用意すること。以上2点でお間違いないでしょうか」

「1時（いちじ）」は、「7時（しちじ）」と聞き間違えることがあり、相手の言葉を復唱するだけは間違いに気づかないこともあるので、「13時ですね」と**24時間に言い換え**ます。あるいは、「朝一」と言われたら、「9時でよろしいでしょうか」などと、**曖昧な表現も具体的な言葉に置き換え**ます。端的な言葉で復唱すれば、意図と解釈の違いを防げるので、伝言ミスをかなりの割合で抑えることができます。

　電話対応に不安を感じる人は、顧客リストや社内組織図を見える化したものだけでなく、電話対応の4つのステップを書き出した紙も手元に用意しておくとよいかもしれません。わからない時にすぐに確認できる状況をつくっておくだけでも、不安が軽減されて、落ち着いて対応できるようになるでしょう。

■ 不在時の対応

ステップ	受け手
名乗る	はい、(会社名)でございます。
相手の確認 と挨拶	(会社名)の(名前)様でいらっしゃいますね。 いつもお世話になっております。
STEP1 お詫び	申し訳ございません。
STEP2 状況説明	あいにく(名指人)は、ただいま席を外しております。
STEP3 代案提示 STEP4 意向伺い	(名指人)が戻りましたら、折り返しお電話を差し上げますが、いかがでしょうか。
確認	はい、かしこまりました。 それでは、念のためお電話番号をお願いいたします。
復唱	復唱いたします。 (電話番号)番の(会社名・名前)様でいらっしゃいますね。 (名指人)が戻りましたら申し伝えます。
名乗る	私(名前)と申します。
挨拶	ありがとうございました。失礼いたします。

> 顧客リスト
> で確認!

31

電話対応時の確認事項を見える化しよう

　前項は、電話の取り次ぎや不在対応において、相手が伝えたいことを正しく聞き取るための工夫についてお伝えしました。

　本項では、お客様からの電話での問い合わせに対して、こちらから主体的に何かを聞き出す必要がある場合に、ヌケモレなく聞き出すための方法を考えてみたいと思います。

　こちらから情報を聞き出す必要があるのは、例えば次のような場合です。私の会社では企業向けに各種研修を行なっており、お客様からこんなお問い合わせをいただくことがあります。「女性社員向けに研修をお願いしたいのですが、研修費用はどのくらいでしょうか?」

　研修のご提案と見積もりをお出しするには、お客様のご要望をもう少し詳しく伺う必要があります。例えば、研修の目的は何か、参加者の階層と人数、研修の所要時間はどれくらいか、オンライン研修かリアル研修か、場所はどこか、など確認すべきことはたくさんあります。

　情報の聞き漏れがある状態で仕事を進めてしまうと、相手の期待する仕上がりにならないなどのミスにつながります。また、聞き漏れに気づいて相手に何度も連絡するのは、効率が悪い上に、相手の時間も奪ってしまいます。ですから、情

報の聞き漏れはできるだけ避けなければなりません。

　一度の電話で必要な情報をヌケモレなく聞き出すには、**確認事項をＡ４・１枚に書き出したヒアリングシート**を用意しておくことをおすすめします。

　私の会社では、研修のお問い合わせに対しては、「会社名」「参加者の階層と人数」「研修テーマ」「所要時間」「目的」「目標」「課題」などの項目で構成された確認シートを用意して、項目に沿って質問しながら、相手から聞き出した内容を書き込んでいくようにしています。確認事項が書かれたヒアリングシートがあれば、情報をヌケモレなく聞き出せるだけでなく、シートに書き込むだけで内容が整理されるので、復唱して確認する際にもヌケモレなく行なうことができます。

　ヒアリングシートは常に何枚かプリントしておき、すぐに取り出せる場所にスタンバイさせておくとよいでしょう。

　ヒアリングシートの項目は、会社が提供する商品やサービスによっても違ってきます。上司や先輩に相談しながら、あなたの仕事内容に合ったヒアリングシートを作成してみてはどうでしょうか。あるいは、すでにヒアリングシートを活用している会社もあるので、上司や先輩に確認してみるとよいでしょう。

　一度の電話対応で必要な情報をヌケモレなく聞き出せれば、お客様の時間をムダに奪わずに済みます。「てきぱきした気持ちのよい電話対応」という好印象与えることができます。

32

情報のありかや探し方を把握しよう

電話応対の三大タブー

電話応対の三大タブーと言えば、「待たせない」「間違えない」「たらいまわしにしない」です。

経験のある方もいるかもしれませんが、問い合わせの電話で、待たされる、伝えたいことが正しく理解されない、たらいまわしにされるなどが起きると、電話をかけた側はストレスを感じ、「いい加減な会社だな」と不信感を募らせます。

電話で「間違えない」ための対策は、132ページで説明しました。ここでは「待たせない」「たらいまわしにしない」ための対策を考えていきましょう。

よくある質問の回答を準備しておく

まず、お客様を「待たせない」ための対策です。

問い合わせに迅速に答えるには、**質問されそうな事柄に関する情報をあらかじめ手元に揃えておく**か、もしくは情報をすぐに引き出せるよう、**情報のありかや探し方を把握しておく**必要があります。

例えば「○○商品の在庫と納期と仕切り値を教えていただ

けますか？」とお客様から問い合わせがあった場合、「どこを調べたらわかるんだろう」とモタモタしている間にも時間が過ぎていきます。

　しかし、窓口担当のスタッフがシステムをスムーズに操作し、相手のほしい情報をスピーディに伝えることで、あなたやあなたの会社への信頼は高まるでしょう。

　私の会社であれば、「ダイバーシティをテーマにするなら、どのような研修内容になりますか？」と質問されたら、手元に用意した研修ガイドブックの見出しを見ながら、「ダイバーシティであれば、おすすめできる研修は３つあります。その内容は……」とスピーディにお答えできるようにしています。

　問い合わせに迅速に答えるには、紙やデータなどの形式を問わず、**ワンアクションで必要な情報にアクセスできること**が重要なポイントです。

　どのような情報を手元に準備するとよいのかは、仕事をはじめたばかりの新人には判断がつきかねるかもしれません。それでも、問い合わせを受け続けていけば、質問の傾向はある程度見えてきますが、「それまで待っていられない」のが実情でしょう。

　想定質問を見極めるには、**自分や自部門の業務内容を知ることからスタート**です。

営業事務の仕事なら、**案件が発生してから完了までの仕事の流れを理解**しましょう。その上で、業務の流れに沿ってどのような情報が必要になるのか、どこを探せばすぐにアクセスできるかを把握しておけば、問い合わせへの迅速なレスポンスが可能です。業務の全体像を把握するには、202ページも参考にしてみてください。

　業務の全体像を把握していれば、お客様から質問されたことだけでなく、「**次は恐らくこのことを聞かれるだろうな**」と次の展開を予想できるため、お客様が知りたいであろう情報を一度ですべて提供することができます。

　反対に、業務の全体像を把握しておらず、想定質問への準備がなければ、お客様に質問されるたびに、「確認しますので、少しお待ちください」とお客様を待たせてしまいます。「最初から全部答えてくれればいいのに、機転が利かないな」とお客様に不満を抱かせてしまいます。

会社組織の全体像を把握する

　次に、お客様を「たらいまわしにしない」ためには、どうすればいいか考えてみます。

　自部門の範疇ではない問い合わせを受けた時に、「それに関しては、ご説明できる部門におつなぎいたします」と他部門に取り次ぐことがあります。

　たらいまわしが起きるのは、**その問い合わせに迅速に答え**

られる人や部門を把握していないことが原因です。「この問い合わせの時は、どの部門に取り次ぐとよいのか」、つまり「どの部門がどんな情報を持っているのか」を把握しておけば、たらいまわしを未然に防ぐことができます。

　これもまた、新人の皆さんには少し難易度の高い要求かもしれませんが、方法がないわけではありません。

　会社組織の全体像を理解して、どの部門がどのような仕事や役割を担っているのかを把握すれば、どの部門へ取り次げばいいのかわかるようになります。新入社員研修で会社の組織図について説明を受けた人は、そちらをぜひ活用してみてください。

　自部門で受けた問い合わせを、どの部門に取り次ぐことが多いのかを上司や先輩に聞いてみるのも一案です。「うちの部門でわからないことは、研究開発部に取り次ぐことが多いよ。研究開発部とは連携して動くことが多いから」と教えてくれるかもしれません。こうした暗黙知レベルの情報を上司や先輩から引き出しておくことも大切です。

　先の展開が予想できないから、電話対応に不安を感じる人が多いのではないでしょうか。あらゆるケースを想定して準備しておけば、不安なく、ミスなく電話対応ができるようになります。

33

クレームは相手の怒りの
根っこを理解して対応しよう

相手が求めていることを察する

　多くの会社では、クレーム対応のマニュアルが整備されていることでしょう。しかし、**マニュアル通りの対応が、かえってお客様の怒りのボルテージを上げてしまう**こともあります。

　例えば、「午前中に届くはずの荷物が、午後2時になっても届かない」というクレームがあったとします。
「申し訳ございません。すぐに配達業者に確認して、折り返しご連絡いたします」とマニュアル通りに対応することが、いつも正しいとは限りません。

　クレーム対応で大切なことは、**相手の怒りの根っこを理解した上で、適切に対応する**ことです。お客様がクレームを通じて伝えたいことは、一人ひとり違います。相手の真の心の声に気づかなければ、対応を誤ってしまうことがあるのです。

　先ほどのクレームで、「あてにしていたのに、時間通りに届けてくれないと困るじゃないか」とお客様がおっしゃったら、この言葉からあなたはどんなメッセージを受け取りますか？
　もしかしたら、その荷物を使って次の段取りを予定してい

たのかもしれません。だとしたら、荷物がいつ届くのか、確実な情報を欲しているはずです。こちらの対応としては、至急、配送業者に連絡し、お客様に確実な情報を伝え、その後の段取りの目途をつけられるようフォローすることが最優先されます。

あるいは、「午前中ずっと待っていたのに、どうしてくれるんだ⁉」と怒り心頭のお客様の場合は、どうでしょうか。

もしかすると、きっちりと物事が進まないと怒りを刺激されるタイプなのかもしれません。だとすれば、マニュアル通りの杓子定規な対応では、怒りに油を注ぐようなものでしょう。それよりも、誠心誠意お詫びして、まずはお客様の怒りを鎮めることが適切な対応と言えるかもしれません。

「息子からのプレゼントだから、すごく楽しみにしていたのに」と、家族との絆を大切にしている様子が伺えたら、「せっかく楽しみにされていたのに残念なお気持ちにさせてしまい大変申し訳ございません」とお客様の気持ちに寄り添いお詫びすることで、お客様の不満が解消されることもあるでしょう。

配送遅れに対して、確実な情報と解決策がほしいのか、とにかく謝ってほしいのか、話を聞いてほしいのか。クレームの根っこの思いがどこにあるのかによって、次に取るべき対応は変わってくることが理解できると思います。

何より傾聴することが大切

　相手の真意に気づくには、傾聴を心がけましょう。傾聴とは、ただ聞くのとは違って、「相手の話に関心を持って耳を傾けること」です。

　相手の何気ない一言にも、「それはどういうこと？」「どういう意図でそうおっしゃったのだろう？」と掘り下げていくと、相手が本当に伝えたいメッセージが見えてくるはずです。

　反対に、「時間通りに届けてくれないと困るじゃないか」とクレームを受けて、「配送会社の都合で遅れてるんだから、私に文句を言われても困る」と内心で思っているとしたら、相手の真意を汲み取ることはできないでしょう。

　それだけでなく、誠意のない態度が相手に伝わり、相手のさらなる怒りを煽ることになります。

　ある人から聞いた心に残るクレーム対応を紹介しましょう。

　5歳になる娘に、サンタさんのクリスマスプレゼントは何がほしいかとたずねると、「アンパンマンのおもちゃがほしい」と答えたそうです。それで、父親がこっそり買いに行き、イブの夜に娘さんの枕元に置いておきました。

　翌朝、プレゼントを見つけた娘は大喜びでしたが、なんとそのおもちゃが不具合で動きません。父親が販売店に問い合わせると、在庫は残っていないという返事。それでメーカー

に電話して、事情を説明しました。

　担当者が言うには、「大変申し訳ございません。こちらから直接お送りするにしても、2〜3日後の対応になります」とのこと。父親が、「そうですか、仕方ないですね。ただ、娘の夢を壊してしまったことが残念で、なんとかならないかと思って」と言うと、担当者は少し考えてから、「わかりました。私に少し時間をください」と返事したそうです。

　しかし、夕方になっても担当者からは連絡がありません。「やっぱり無理だったのかな」とあきらめかけた頃、玄関のチャイムがなり、サンタクロースがやってきたのです。「こんばんは！　遅くなってごめんね。サンタさん、忙しくてうっかり壊れたおもちゃを届けてしまったけど、ちゃんと動くのを持ってきたから、よかったらこれを使ってね」と新しいおもちゃを持って来てくれたのです。娘さんは大喜び！

　このサンタさんは、父親の問い合わせに対応してくれた担当者でした。その人は、こうおっしゃったそうです。「最後にお父さんが、『子どもの夢を壊してしまったことが残念』と言われたことが心に残りました。私たちの仕事は子どもに夢を与えることです。娘さんの夢を取り戻すために、サンタに扮してお届けするのが一番いいと思いました」

　これこそが、相手の思いの根っこを理解した対応ではないでしょうか。肝を押さえた対応をすれば、このエピソードのように、お客様を自社のファンに変えることもできるのです。

34

書類を送る際、わかりにくい箇所に付せんを貼ろう

　金融機関やリース会社など、各種手続きが書類中心に行なわれている業界では、お客様に対し、書類に記入・押印して返送してもらう機会がまだまだ多くあります。契約などの書類は、概して複雑で言葉が難解なことも多く、**一般の人が書類を見ただけでは、どこに何を書けばいいのか、どこに判を押せばいいのかがわからず、戸惑うことがよくあります。**

　結局、必要事項の記入や押印にヌケモレが発生し、「ここが抜けていましたから、押印して再送してください」といったやり取りが何度も続く……、ということも珍しくありません。

　かくいう私も、最近それを経験しました。オフィスの移転に伴い、金融機関に書類を提出したのですが、記入・押印の不備から、2回も書き直すことになってしまいました。

　こうした書類の不備は、お客様のミスなのでしょうか？

　そうと言えなくもありませんが、一方でお客様の立場になってみれば、「**こんなわかりにくい書類を送りつけてくるなんて、なんて不親切な会社なんだろう**」とストレスに感じている人もいるはずです。やり直しや二度手間によるお客様の不満の矛先は、わかりにくい書類と、それを書かせようと

する会社に向けられることになります。

顧客対応の観点からすれば、「お客様のミスだから、書き直してもらうしかない」と考えるよりも、「お客様の負担や不安感を軽減させ、1回のやり取りで終わらせるようにお客様をどうサポートすべきか」と考え、そのための工夫を凝らすことが建設的なアプローチと言えます。

そこで活用したいのが、記入・押印すべき箇所をわかりやすく伝える付せんメモです。

例えば、必要箇所に「ここに現住所を書いてください」、「ここに印を押してください」などとコメントを書いた付せんを貼ったり、蛍光ペンでマーキングしたりしておけば、契約者の見落としや誤った解釈による誤記入も減るはずです。

送付する側にとってはいつも通りの見慣れた書類でも、それを初めて見るお客様にとっては、難しく感じる場合もあります。双方の間で解釈の違いが生じるかもしれないという前提に立って、相手の理解を助け、「してほしいこと」を端的に伝えるしかけとして、付せんメモは非常に有効です。

仕事をはじめたばかりの新入社員だからこそ、書類のどこがわかりにくいか気づきやすいはずです。その新鮮な目を大切にして、お客様に喜ばれるサポートを心がけてください。

35

発送時には5つのチェックポイントを確認しよう

発送ミスを防ぐ5つのポイント

請求書や契約書などの大事な書類を、間違って別の会社に送ってしまったら、単なる発送ミスでは済まされません。相手企業に対して気まずいばかりか、「大事な書類を誤発送してしまう会社には、安心して仕事を任せられないな」と思われて、会社の信頼低下にもつながってしまいます。

発送ミスを防ぐには、発送前に必ず確認すべきことがあります。①送り先住所、②会社名や部署名、③氏名、④封入書類、⑤切手の5つです。それぞれ詳しく見ていきましょう。

①送り先住所

コロナ禍以降、リモートワークが広がるにつれ、オフィス縮小の動きに伴うオフィス移転の動きが活発になっています。ついうっかり古い住所に間違って送ってしまうことのないよう、郵便番号、住所、ビル名が間違っていないか、**最新の名刺やメールの署名欄と照らし合わせて確認する**ことが大切です。事務所移転のお知らせが届いたら、顧客リストにすぐ反映して、リストをアップデートしておくようにしましょう。

②会社名と部署名

　会社名にも誤りがないか注意が必要です。「株式会社」が社名の前につくのか（前株）、うしろにつくのか（後株）、漢字やカタカナの誤りがないかも確認します。かの有名企業「キヤノン」も、「キャノン」だと勘違いしている人が多く、思い込みによるミスにも注意が必要です。

　大手企業では異動が多いため、もらった名刺に書かれた部署が最新のものだとは限りません。メールの署名欄と照らし合わせて確認することで、ミスを未然に防ぎましょう。

③氏名

　名前はその人のアイデンティティです。「渡辺」と「渡邉」、「斉藤」と「斎藤」など、同じ読みでも微妙に異なる漢字を使う場合、「どっちだっけ？　まぁ、いいか」と思うかもしれませんが、名前を間違えるのは相手に対して大変失礼です。名前の書き間違いは絶対にないよう、細心の注意が必要です。

　これは実際にあった話ですが、「山﨑さん」という名前の男性が、還暦を記念して夫婦で旅行することにしました。旅行代理店にパンフレットを請求したところ、送られてきた封書の宛名が、「山﨑」ではなく「山崎」と間違って記載されていたのです。

山﨑さんは、旅行に奮発してお金をかけるつもりでしたが、「名前の漢字を間違える会社に安心して記念旅行を任せられない」と思い、パンフレットを見ずに捨ててしまったそうです。旅行代理店にとっては手痛い機会損失になりました。

④封入書類

　すべての書類が正しく封入されているかを確認します。

　確認する方法として、ダブルチェックを取り入れるのもひとつの方法です。まずは封をしない状態で書類を入れ、別の人が最終確認を行なう（人を変える）、しばらく時間を置いて自分で確認する（時間を変える）、邪魔の入らない会議室などに場所を移して確認する（場所を変える）など、**人・時間・場所を変えたダブルチェック**を効果的に活用しましょう。

⑤切手

　切手の料金はたびたび変更されていますから、切手の料金に不足がないかの確認も怠らないようにしましょう。

　顧客リストから出力する場合は、データが常にアップデートされた状態でなければなりません。

　顧客情報に変化があったら、すぐに顧客リストに反映され、さらに社内や部内で共有される仕組みがあると理想的です。

■ 発送前に確認すること

項目	内容
①送り先	「郵便番号」「住所」「ビル名」は、最新の名刺や、メールの署名欄と照らし合わせて、誤りがないかを確認する（最低2回）
②氏名	名刺や、メールの署名欄と照らし合わせて確認する
	間違いやすい漢字や、旧漢字などに注意する
③会社・部署	「会社名」「部署名」に誤りがないかを確認する
	「株式会社」の位置や、漢字・カタカナの区別に注意する
④封入書類	すべての書類が正しく封入されているかを確認する
	封入リストを作成し、比較チェックすると確実である
⑤切手	切手の料金に不足がないかを確認する
	頻繁に送らない書類などは、重量を量って確認する

36

メールの確認は時間を決めて
定期的にしよう

　社外からのメールには、どのタイミングで返信すればいい
のでしょうか。

　新人のうちはメールの数もそれほど多くはないでしょうか
ら、頻繁なメールチェックで目の前の仕事に支障が出ること
は少ないかもしれません。

　しかし、任される仕事が増えるにつれて、メールの数も増
えていきます。メールが送られてくる度に対応していると、
目の前の仕事に集中できなくなり、ミスの原因になります。

　かといって、あとでまとめて処理しようとすると、緊急を要
するメールも放置されてしまいます。

　例えば、こんなケースが考えられます。

　上司が客先で商談中に、至急確認しなければならないこと
が発生し、部下にメールで依頼しました。ところが、1時間
が経っても、部下からの返事はありません。結局、上司はそ
の場でお客様の質問に答えることができませんでした。

　新人の皆さんは、「これを急ぎでお願い」とか「至急確認
してくれる？」のように、素早いレスポンスを求められるこ
とが多いのではないでしょうか。目の前の仕事の集中力を途

切れさせることなく、緊急性の高いメールにもタイミングよく対応するために、メールチェックの仕方を工夫してみましょう。

緊急の対応が必要なメールと、そうでないメールを分けて処理することがポイントです。

緊急を要するメールを見逃さないために、1時間に1回程度の割合で定期的にメールチェックを行ないます。あるいは、メールが入ってきたら、逐一メールボックスを開かなくても画面にメッセージ表示されるような設定にします。そして、すぐに返事が必要なメールはその場で返事をします。

緊急性の低いメールは、どの時間に処理するかを決めて、あとでまとめて処理します。メールの量にもよりますが、例えば、午前11時と午後3時の各30分をメール処理にあてるなど、1日の段取りの中に組み込んでおくとよいでしょう。

メールはすぐに返信しなければならないと思っている人もいるかもしれませんが、緊急性の高いメールを除けば、基本的に24時間以内（土日を除く）に返信すれば問題ありません。

メールも一種の「割り込み」ですから、割り込みに振りまわされないためにどうするかという視点が大切です。そのためにもメールの緊急度をまずは見極めましょう。

6章

コミュニケーションを
取ることで
ミス防止

チームで情報共有をしよう

　仕事でコミュニケーションが重要だと言われているのは、なぜだと思いますか。

　それは、**仕事はチームで連携して行なうもの**だからです。チーム内でコミュニケーションを取らずに、必要な情報が共有されなければ、仕事の進行に支障が出たり、顧客対応に一貫性がなくなり不信感を持たれたりするなどのミスにつながります。

　例えば、得意先との取引条件が変更になったことを営業担当者が営業アシスタントに伝えていなかったとします。営業アシスタントが従来の条件で見積書を出せば、「あれ？　営業の後藤さんが言っていたのと違う。会社として一貫性がないのは困るな」と不信感を持たれてしまいます。

　また、得意先の中には、電話でわざわざ社名を名乗らない人もいます。「山田だけど」と言われて、「失礼ですが、どちらの山田様でいらっしゃいますか」と聞き返したために、相手を怒らせてしまったということもよくあります。

　顧客に関する情報が社内で共有されていないと、適切な顧客対応ができません。基本的に顧客はわがままで、「自分は大切に扱われて当然」と思っています。相手が新入社員であろうと、自分のことは知っているべきだし、そうでなければ「私のことをその程度にしか考えていないのか」と不快に思うものなのです。その結果、客離れにつながることもあります。

　顧客対応だけではありません。コミュニケーション不足によって仕事の進行が遅れたり、意図に沿った仕上がりにならずにやり直しが生じたりします。

　例えば、チームで役割分担して作業を進めている時に、重要な変更事項をその場にいなかったメンバーのひとりに知らせていなかったとしたら、どうなるでしょうか。

　その人の担当部分をもう一度やり直さなければならなくなり、二度手間が生じるだけでなく、納期に間に合わなくなるかもしれません。誰かが気を利かせてその人に情報を知らせるか、チーム内で情報共有する仕組みがあれば、防ぐことができたミスと言えます。

　コミュニケーション不備によるミスを防ぐには、チームの一人ひとりが、**自分の知り得た情報を抱え込まずに発信していくことが大切**です。

　仕事に関する情報や知識が少ない新人だからコミュニケーションも受け身でいい、ということではありません。チームの一員として、自分から積極的にコミュニケーションを取っていくことで、チームのミスゼロに貢献することができます。

　その方法を、本章で説明していきましょう。

37

情報は抱え込まずに
発信しよう

情報の重要度を勝手に判断しない

こんな場面を想像してみてください。

あなたが先輩に頼まれてお客様に届け物をした時、お客様がポロリとこんなことをおっしゃいました。

「先日納品してもらった御社のシステムだけど、現場であまり使われてないんだよね。使い勝手がどうもいまいちみたいなんだよね……」

これを、担当の誰々さんに伝えてほしい、と言われたわけではありません。あなたはこの情報を担当者に伝えますか？それとも、「担当でない自分に言われても困るな。まぁ、不具合でなければわざわざ伝えるほどでもないかな」と判断してそのままにしておきますか？

新人に対する先輩の声として、最近よく聞かれるのは、「情報を抱え込んでしまうために、チーム内の連携がうまく取れない」ということです。

「情報を抱え込む」といっても、意図的に情報を伝えないとか、情報を隠しているわけではありません。「そんなに大し

たことではないだろう」と自分で勝手に判断して、結果的に情報を抱え込んでしまっているというのです。

先ほどの例でいえば、「使い勝手がいまいちみたい……」というお客様の何気ない一言を担当者に伝えずにいると、お客様の不便や不満が放置されることになります。「アフターフォローもないし、対応のよくない会社だな」と評価されて、いずれ他社製品に乗り換えられてしまう、ということが起きないとも限りません。

もし、お客様の情報を社内で共有していたら、担当者がすぐに先方に出向いて、システム改善の提案や丁寧なアフターフォローを行ない、お客様の不便や不満を解消できたかもしれません。「御社にお願いしてよかった」と評価されて、会社の信頼アップにもつながるでしょう。

新入社員にとって、どの情報が重要で、どの情報が重要でないかの判断は難しいものです。

ですから、自分が知り得た情報は、自分の思い込みで勝手に判断せずに、**基本的にすべて上司やチームメンバーに伝える**のが望ましい対応と言えます。情報の取捨選択は上司に任せるのが正しい判断でしょう。

情報の種類

　情報には、いろいろな種類の情報があります。チームで共有すべき情報にはどのようなものがあるのか見てみましょう。

　大きく分けて、「社外からの情報」と「社内の情報」の2つがあります。

・社外からの情報

　まず、重要なのは、「顧客の声」です。

　問い合わせや要望、苦情など明らかに「対応すべき」とわかる声だけでなく、**お客様の何気ない一言にも重要な情報が含まれている**ことがあります。

　商品・サービスへの不満や苦情とまではいかなくても、「ちょっと気になることがある」と言われたら、改善につながるヒントが含まれているかもしれません。あるいは、雑談中にポロリと、「実は他の会社からも提案を受けている」と言われたら、何らかの手を打たなければ、他社に取引が流れてしまうかもしれません。

　お客様のちょっとしたつぶやきをそのままにして、社内で共有せずにいると、機会損失や客離れなど大事に至ることがあります。

　もうひとつは、「協力会社や同業者の声」です。

　業種によっては、協力会社や同業者と連携しながら仕事を進める機会も多いでしょう。顧客以外の関係者にも日常的に自分からコミュニケーションを働きかけて、情報を取りに行くことも重要です。

　例えば、ちょっとした雑談の場も最新情報を仕入れるチャンスです。「どうやら業界に関わる法律が改定されるらしい」など、業界人だからこそ知り得る情報にはアンテナを立てておくとよいですね。

　そして、社外からの情報を入手したら、「こんな情報を耳にしました」と上司やチームメンバーに日にちをあけずに伝えてみましょう。仕事の合間の雑談のついでに、あるいは日報や終礼などの情報共有の機会を活用して伝えるとよいでしょう。

・社内の情報

　新人がまず意識したいのは、「**チーム内の情報共有**」です。チーム内で情報が滞った時にミスは起きやすくなるからです。

　例えば、午後4時から行なわれる予定だったチームミーティングが、リーダーの都合で午後3時半に繰り上げたい旨、口頭で依頼があったとします。その時に席にいたメンバーは時間変更に合意しましたが、席を外していたAさんだけはそのことを知りません。席に戻ってきたAさんに、誰も時間変更を伝えなかったとしたら、連絡ミスによる何らかの弊害が起こる恐れがあります。

このような場面に遭遇したら、「Aさんはさっき席を外していたから、時間変更を知らないかもしれないな。伝えておこう」と、社内の必要な情報が共有されるよう、あなたが主体的に周囲に働きかけることを心がけてください。

　もうひとつは、「他部門の人たちとの情報共有」です。
　仕事によっては、他部門と連携して行なうものもあります。関わりのある他部門の人とも普段から情報を共有しておくことで、仕事がスムーズに進みやすくなります。
　例えば、営業事務のあなたが集計した数字を経理担当者に送る、という仕事の流れがあるとします。日常業務のやり取りのついでに、お互いの部門に関する情報の交換も意識してみましょう。
「来年4月に向けて新しい経理システムが導入されると聞きましたが、進捗はどうですか？」
「営業部では今度、新しい顧客管理の仕組みを構築することになりました。仕組みの構築中は何かとご迷惑をおかけするかもしれませんが、よろしくお願いします」
　相手の状況を聞き出しながら、こちらの状況も折に触れて伝えておきます。お互いに関連のありそうな情報をリアルタイムで共有しておくことで、仕事の連携ミスを防ぎ、仕事の質を高めていくことにつながります。
　直接仕事で関わりのない人にも、普段から挨拶して顔を覚

えてもらうなどして、日常的に気軽に質問や相談ができる関係を築いておくと、きっとあなたの財産になります。

　社内外で自分が知り得た情報をまわりの人と共有すると、仕事での連携ミスが減り、チームの生産性が上がっていきます。

　また、自分から情報を発信していると、まわりからも情報が入ってくるようになり、自分の仕事がやりやすくなることにも気づくでしょう。

■ 小さな情報でも仕事にプラスになる

情報共有でミス防止

社外からの情報	社内の情報
・顧客の声 ・協力会社や同業者の声	・チーム内の情報共有 ・他部門の人たちとの 　情報共有

38

情報を歪曲しないよう
正しく伝えよう

報告が事実を歪曲させた例

　情報を伝える時、無意識に自分の解釈を加えてしまうことがあります。事実が捻じ曲げられて上司に伝えられた結果、上司が正しい判断をできず、ミスを引き起こすことがあります。

　例えば、次のようなケースが考えられます。ホテルのフロントで、お客様が受付係に大きな声でこう言いました。

お客様：「おかしいな、確かに予約したはずだ。そっちの間違いじゃないのか？　責任者の人を呼んで確認してよ」
受付係：「かしこまりました。少しお待ちくださいませ」

受付係：「支配人、お客様がとても大きな声で、『この予約ができていないのはおかしいじゃないか』と立腹されています。大変なクレームになりそうなので、対応していただけませんか」
支配人：「わかった。すぐに行こう」

支配人：「（平身低頭で）お客様、この度はこちらに不備があり大変申し訳ございません」

お客様：「え？　こっちは事実を確認してほしかっただけなの
に、クレームをつけてると思ったのか？　失礼な対応だな」

　お客様はクレームのつもりではなかったのに、謝罪の言葉
が引き金となり、新たな怒りを呼び起こしてしまいました。
　そもそも支配人はなぜお客様に謝罪をしたのでしょうか。受
付係から支配人への報告のどこに問題があったのでしょうか。

　受付係の報告の仕方を検証してみると、**事実と所感（自分
の意見や感想）を混同して伝えている**ことがわかります。こ
れが不適切な顧客対応を招いた原因です。「お客様は『責任
者を呼んで確認してほしい』と大声で言った」。これが事実
です。これに対し、受付係は「お客様が大きな声で立腹され
ている。大変なクレームになりそう」と支配人に伝えまし
た。「クレームになりそう」とは、受付係の所感です。
　所感をあたかも事実のように伝えてしまったために、支配
人は「これは大ごとだ」と受け取ってしまったのです。

事実と所感は区別して報告する

　では、どのように伝えるとよいのでしょうか。
　ポイントは、事実と所感を区別して伝えることです。この点
に注意して、受付係から支配人への報告を再構成してみます。

受付係：「お客様がおっしゃるには、『確かに予約したはずなのに、予約が入っていないのはおかしい。責任者に経緯を確認したい』とのことです。ご対応いただけますでしょうか」

　ここまでが事実です。所感を加える場合は、所感とわかるような言葉を補足して、事実と区別して伝えます。

受付係：「私が思いますに、お客様はスムーズにチェックインできないことを快く思っていらっしゃらないようです」

　事実と所感を分けて報告すれば、上司は事実をもとに正しい判断を下すことができます。

　伝える情報が少ない場合や、情報が不足している場合、人は自分の解釈を加えて伝えてしまう傾向があります。

　上司へ報告する際には、「事実はこれ。意見はこれ」と情報を整理してから報告する習慣をつけましょう。

■ 事実と所感を分けて伝える

	内容	伝え方例
事実	出来事だけを伝える	「お客様は『〜〜』とおっしゃいました」
所感	自分が感じたことを伝える	「私が思うに〜〜」 「そこで、私は〜〜と感じました」

39

タイミングのよい
「報・連・相」でミスをなくそう

報連相の役割

　職場でのコミュニケーションの基本となるのが、報告・連絡・相談（報・連・相＝ほうれんそう）です。皆さんも、「報連相はちゃんとするように」と上司や先輩から言われているかもしれません。

　なぜ報連相がそれほど重要なのでしょうか。

　報告でいうと、現場に足を運ぶ機会の少ない上司にとって、現場担当者である部下からの報告は、次のアクションを決めるための重要な判断材料になります。

　また、**部下は、上司へ報告や相談をすることで、必要なタイミングで上司から必要なサポートを得ることができます。**特に、仕事に不慣れで、わからないことが多い新入社員にとって、報連相はミスなく仕事を進めるための重要なコミュニケーションなのです。

　その報連相を、どうやってやればいいのかわからない──。そう悩む新入社員は多いようです。

「そもそも、報告、連絡、相談って具体的にどう違うの？」

「どの情報を、どのタイミングで伝えればいいの？」

それらの疑問に答えるためにも、報連相の基本を押さえておきましょう。

報告

主に、上司に対する縦のコミュニケーションが報告です。特に新人が意識すべき報告のタイミングは、次の２つです。

まず、指示された業務が終わった時の「終了報告」。これがないと、「その仕事はまだ終わっていない」と上司は判断します。特に、上司から部下の姿が見えにくいリモートワークでは、「ここまで終わってるんだな」と上司が確認できるための終了報告は必須です。

報告の仕方としては、①業務日誌に書く、②自分のToDoリストをイントラネットで共有し、終了したものは日付を明記して✔（チェック）を入れる、③チャットで指示を受けたものは、そのスレッドに終了報告を書き込む、などの方法で終了したことを伝えます。

報告のタイミングの２つ目は、完了までに時間がかかる仕事の「中間報告」です。数時間や１日程度で完了する仕事はともかく、１週間程度の時間を要する仕事は、「問題なく進ん

でいるかな」と部下の仕事の進捗を気にかける上司もいます。「今ここまでやりました。完了はいつ頃の予定です」と、現状と完了予定日の2点セットで伝えると、上司は安心できますし、着実に仕事を進めている部下への信頼も高まっていくでしょう。

　中間報告のタイミングは、業務開始から終了予定までの真ん中あたりが目安です。完了まで1週間かかる予定なら、3日目あたりに一度中間報告を入れます。半年くらいの長期プロジェクトなら、1ヶ月に1回くらいの頻度で報告があると、上司は安心して部下の様子を見守ることができます。

　どのタイミングで中間報告するのかは、完了までの長さにもよります。仕事をはじめる前に、報告のタイミングと頻度を上司と相談して決めておくと、「いつになったら報告があるんだ？」と上司をイラつかせることもなくなります。

連絡

　チームメンバーや、仕事で関わる他部門の人との横のコミュニケーションを密にして、連携をスムーズにするのが連絡です。新人の皆さんは、まずはチーム内の連絡をおろそかにしないこと。これに意識して取り組みましょう。

　前項で例にあげたように、会議時間の変更を機転を利かせて伝えることは一例です。

　また、社内で起きたことを朝礼で共有するだけでも、仕事

はやりやすくなるでしょう。

　例えば、前日にちょっとしたシステムトラブルが起きていたとしたら、「昨日、システムトラブルがありました。でも、昨日のうちに解決したので、今日は大丈夫だと思います」と共有しておけば、その日のシステムの立ち上がりが悪かったとしても、「昨日のトラブルの影響かな」と誰もが落ち着いて対応できそうです。

　ちょっとした変化や気づきもチーム内で共有する雰囲気があれば、仕事の連携がスムーズになるのはもちろん、**チーム内の風通し**もよくなり、仕事がしやすくなります。普段からチーム内での情報発信を心がけることで、**明るく働きやすい職場環境づくり**の一役をあなたにも担っていただきたいと思います。

▎相談

　仕事でわからないことがあった時、仕事がうまく進まない時、仕事でトラブルがあった時、上司や先輩にサポートを求めるのが相談です。

「こんなことを相談したら笑われるかな」とか、「こんなこともわからないと思われたくない」など、自分への評価を気にして相談できない人が多いようです。

　自分でなんとかしようとして、ひとりで抱え込んだ結果、

意図とは違う仕上がりになったり、悩んでいるうちに納期に間に合わなくなったりしては元も子もありません。

「どんなことでも相談していい」というのが、新人の特権です。仕事をゼロから覚えていくのですから、わからないことがたくさんあって当然です。相談せずに間違えるよりも、上司や先輩に多少はうるさがられても、不明点を解決してから仕事を進めたほうが、あとでやり直しなどの二度手間にならないので、結果的に個人やチームの生産性は上がります。

相談する時は、次の2点に留意すると、上司や先輩も相談に応じやすいでしょう。

まず、**相談するタイミング**です。相手が忙しい時に割り込むと迷惑がられますので、相手が相談に応じやすいタイミングを見計らうことが大切です。

次に、一度聞いたことはきちんとメモして、**何度も同じことを相談しない**ことです。何度も同じことを相談すると、「それ、前にも教えたよね」「人の話、ちゃんと聞いてる？」と思われてしまいます。

仕事に慣れてきたら、相談の仕方も工夫してみましょう。「どうすればいいですか？」とすべてを相手に委ねる丸投げ質問ではなく、「こういうやり方を考えてみましたが、どうでしょうか」と自分の考えや意見を述べた上で相談します。

これなら、主体的に仕事に取り組むあなたの姿勢が上司に伝わり、好印象を与えます。忙しい上司も、意欲的な部下の相談には積極的に乗りたいと思うはずです。

　以上が報連相の基本です。まずはここで説明した基本を実践して、上司やまわりの人との連携をよくし、ミスなくスムーズに仕事を進めていってください。

■ ミスゼロの「報連相」

	新人が意識したい場面	ポイント
報告	終了報告	・報告がないと上司は心配になるので、メールやチャット、口頭で報告する
	中間報告	・問題なく進んでいるか、わからないことがあるかを報告する
連絡	朝礼・夕礼・日報、その他随時	・小さな変化や起こった出来事なども連絡
相談	「どんなことでも相談していい」という新人の特権を使う	・何度も同じことを聞かないように記録する ・丸投げ質問せずに、自分の意見を添える

40

PREP法で
わかりやすく伝えよう

▌自分が伝えたいことだけを話すのはNG

授業でプレゼンテーションを行なう機会も多いためか、わかりやすく伝えるのがうまい若手社員が多い気がします。

その一方で、わかりやすく伝えることが苦手な人もいます。新入社員研修でも時折見かけますが、「で、何が言いたいのだろう?」と聞き手に思われてしまうと、せっかくの素晴らしい意見も相手に伝わりません。とてももったいないと思います。

話がわかりにくい人の特徴として、自分が伝えたいことを一方的に話す傾向があります。頭に思い浮かんだことをそのまま口にするため、話の主旨や背景、流れがつかみにくく、聞く人を疲れさせてしまいます。

また、自分が話したいことと、相手が知りたいことは、同じとは限りません。相手が知りたい情報が不足していたり、ポイントがズレていたりすると、相手に理解してもらい、納得してもらうことはできないのです。

わかりやすく伝えるには、話す前に情報を整理し、道筋を

立ててから話すことが大切です。相手はどのような目的で、何を知りたいのか、という視点で話を組み立てると伝わりやすくなります。

PREP法で伝えよう

筋道を立てて話すのが苦手な人は、伝えるためのフレームワークを活用するのもひとつの方法です。ここでは、代表的なフレームワークとしてPREP法を紹介しましょう。

PREP法は、まず結論（Point）を伝え、理由（Reason）と具体例（Example）で結論を補足し、最後に再び結論（Point）で締めるという順番で伝えるフレームワークです。理由や具体例を述べることで、話に説得力が生まれます。

ここで、自社商品のボールペンをお客様に提案するシーンを想定して、PREP法を活用したプレゼンを行なってみます。どんな伝え方ができるでしょうか。

「お客様におすすめしたいのは、このミラクルペンです（【P】結論）。と申しますのは、このミラクルペンは未来をつくるボールペンだと私どもは自負しているからです（【R】理由）。この書き味をご覧いただけますか？　このミラクルペンを使うと、まるで手と脳がつながっているかのように、未来のアイデアがサクサクと湧き上がってくるんです（【E】

具体例)。ですから、お客様にはぜひこのミラクルペンを
使っていただきたいのです(【P】結論)」

　このように伝えることができたら、お客様も興味が湧いて、
「ぜひ使いたいです!」と購入していただけるかもしれません。

　改めて、PREP法を活用した伝え方のポイントを解説しま
しょう。

　まず、「**お客様におすすめしたいのは、〜〜です**」と結論
から入ります。

　次に、「と申しますのは」「なぜならば」などの接続詞を味方
につけて、そのボールペンをおすすめする理由を端的に述べま
す。この時、相手が「え?」と驚くような意外性のある理由を
述べると、相手の興味関心を惹きつけることができます。

　この時、理由をいくつも連ねるのはNGです。例えば、
「なぜなら、手への馴染み感といい、書き心地といい、何よ
りコスパが最高だからです」のように長々と話しはじめる
と、聞き手の興味が失せてしまいます。

　理由を述べたあとは、ボールペンの**利用シーンや場面がイ
メージできるような具体例**につなげます。

　そして最後に、再び結論で締めます。このようにフレーム
ワークに当てはめて話を組み立てるだけで、筋道立てて話す
ことができます。

わかりにくい話というのは、いきなり具体例からはじまります。先の例で言えば、「このボールペンは手に馴染みやすいし、書きやすいでしょう？」と利用シーンから話がはじまると、「この話はいったいどこに向かうのだろうか」と聞き手を不安にさせ、わかりにくい印象を持たれてしまいます。

この人は私に何を伝えたいのか、聞き手は結論を早く知りたいのです。まずは聞き手が聞きたがっている結論から述べるのが、わかりやすいプレゼンの基本です。

価値を生み出す仕事には、「伝えるスキル」は必須

上司やまわりの人にわかりやすく伝えるスキルは、これからますます重要になっていくでしょう。

これから先、定型業務はテクノロジー化され、その一方で、付加価値を生み出していく仕事が増えていくことは明らかです。

そのためには、まわりの人たちと連携して、理解と協力を得ながら仕事を進めるために、自分の考えや意見を筋道立ててわかりやすく伝えるスキルは欠かせません。

ここで紹介したフレームワークを頭の中に持っておいて、それに当てはめながら話を組み立てることを意識すれば、おのずと筋道立てて伝えることが習慣になっていくでしょう。

41

自分の思い込みによる
ミスをなくそう

　仕事では、上司から指示を受けたり、先輩から仕事を頼まれたり、チームメンバーから連絡を受けたりと、人から何かを伝えられる場面も多くあります。

　ミスのない仕事をするには、**人の話をどのように聞くかも**重要です。自分の思い込みが邪魔して正しく理解できないと、仕事がピント外れになり、ミスにつながってしまいます。

　思い込みが起きる原因には、2パターンあります。

　ひとつは、熟練した人が長年の経験から「これはこういうもの」と思い込み、自分への過信から確認を怠ったり、ちょっとした変化も見逃したりして、ミスにつながるパターンです。

　もうひとつは、仕事に不慣れな人が、経験や知識が不足したまま自分勝手に判断しようとして、勘違いや誤解からミスを招くパターンです。

　新人の皆さんが陥りやすいのは、自分の勝手な解釈が原因で起こる、後者のパターンではないでしょうか。

　例をあげてみましょう。

　火曜日の朝、上司から「このデータをなるべく早く修正し

て、私に戻してほしい」と頼まれたとします。「なるべく早くということは、今週いっぱいでいいだろう」と勝手に思い込んで、後まわしにしていました。するとその日の夕方、「お願いしていたあれ、できた?」と上司に聞かれて、慌ててこう答えました。「えっと、まだです。なるべく早くと聞いていたので、今週中でいいかなと思っていたので……」。

　この上司は、「できれば今日中に」という意味を込めて「なるべく早く」と指示したのでしょう。それに対して、部下が自分の都合のいい解釈で作業を遅延させたのであれば、それもミスです。

　思い込みによるミスをなくすには、上司の指示が曖昧だったり、情報が不足したりしている場合には、確認することが大切です。この場合、「なるべく早くとは、いつまでですか?」と上司に確認することで、意図と解釈の違いを防ぐことができます。

　また、思い込みが強い人には、「自分の考えが正しい」といった自己中心的な思考も見受けられます。仕事の経験の浅い新人の立場で解釈したことが、必ずしも正しいとは限りませんから、相手の話に素直に耳を傾けることを心がけましょう。

　まずは、「これはこうだろう」とか、「自分の考えが正しい」といった思い込みを捨てて、上司がどんな意図で指示をしたのかを正しく理解するところから取り組んでいきましょう。

42

ヒヤリハットは早めに
報告しよう

　人は、ミスしたことを隠したいと思うものです。なぜなら、ミスしたことがまわりに知られて、「あんなミスをするなんて、安心して任せられないな」「あんなことをしでかすなんてダメなやつだ」などと、マイナスに評価されるのを恐れるからです。

　同じ理由で、「もう少しでミスになるところだった！」というヒヤリハットも、「なんとか事なきを得たからよかった」と、自分だけの胸にしまっておこうとしがちです。

　仕事に不慣れなうちは、ミスをすることもあるでしょう。ミスを隠してうやむやにしてしまうと、再発防止策が講じられず、本人のみならず、チーム内で同じミスが繰り返されることになります。ミスやヒヤリハットが起きたら、些細なことでもすぐにチーム内で共有し、チームの課題として再発防止策を講じることが大切です。

　それによって同じミスをする人が減れば、ミスしたことは恥ずべきことではなく、改善のヒントを与えたという意味で、チームに大きな貢献をしたことになるのです。

　新人の新鮮な視点が、チーム内のミスを未然に防ぐストッパーの役割を果たすこともあります。

私の会社で実際にあったことです。自社で開催するセミナーの案内チラシを作成し、いざお客様に送付しようとした時、若手スタッフが次のように指摘しました。

「ちょっと気になったんですけど、セミナーを担当する講師の名前があったほうがいいんじゃないでしょうか？」

　チラシを確認すると、確かにセミナーの担当講師の名前が入っていません。これは明かにミスです。この指摘のおかげで、お客様の手元に届く前に修正することができました。

　もし、あのままチラシを送っていたらお客様に「誰が担当するんだろう」と疑問を抱かせてしまうところでした。

　新人からすると、「ベテラン社員がつくったチラシに間違いがあるはずはない」と思うかもしれませんが、ミスは誰にでも起こり得ます。むしろ、新入社員の新しい目だからこそ、気づけることも多くあります。

　スピードが重視される今の時代、上司も先輩も目の前の仕事で精いっぱいで、ミスやヒヤリハットを見落としやすい状況にあると言えます。新入社員のあなたが、「これって、おかしいのでは？」「そもそも、これってどうなの？」といった気づきを積極的にチーム内で共有することで、改善や再発防止に貢献してほしいと思います。

43

上司のスケジュールを
把握しよう

　わからないことがあった場合や、上司の指示が曖昧な場合には、その状況を放置せずに、自分から積極的に上司に働きかけて確認しましょう。この点は繰り返し申し上げてきました。

　しかし、「忙しそうな上司に気兼ねして聞けない」という理由から、上司に質問しにくいと感じている新入社員は多いようです。また、質問したい時に、上司が外出や会議などで席を外していて聞けないこともよくあるようです。

　どのタイミングで聞くのかも、段取りと同じ発想で考えれば、それほど難しくはありません。**上司が仕事で手が離せない時に、上司の都合も考えずに割り込むことは避ける。聞くなら、上司の手が空いているタイミングを見計らう。**大事なのはこの2つです。

　そして、上司の都合のよい時間帯の見極めは、上司のスケジュールを把握しておけば、それほど難しくはありません。

　グループウェアや管理ツールにチーム全員のスケジュールが共有されている会社なら、そこで上司のスケジュールを確認できます。朝礼でメンバーの予定を共有している会社なら、自分の予定を発表して終わりではなく、上司や先輩がそ

の日1日どんな動きをするのかも注意しておきましょう。

さらに、**朝一でその日の段取りを立てる時に、上司に確認すべき事柄がないかも考える**ようにします。つまり、「これは自分で調べられる」「これは上司に聞かないとわからないな」と当たりをつけ、上司のスケジュールと照らし合わせて、「聞くならこの時間に聞こう」と予定しておくのです。

上司に「何を聞くか」「いつ聞くか」を朝のうちにイメージしておくと、必要事項を聞き漏らすことがなくなり、スムーズに仕事を進めることができます。

込み入った質問でなければ、**社内チャットで質問する**という手もあります。チャットなら、上司も手の空いた時間に対応することができます。

ただし、上司には、部下の質問にすぐに返信してくれる上司もいれば、そうでない上司もいます。

後者の場合は、ただチャットで質問を投げておくだけでは、なかなか返信が来ないこともあるので、返信が必要なら、「何時までにお願いします」と一言書き添えます。そうすれば、上司もいつ返信すればいいか段取りを立てやすいですし、合間を見て返信してくれる可能性も高まります。

上司が快く質問に答えてもらえるようなタイミングや働きかけを工夫して、わからないことや疑問を放置せず、その場で解消していくことが大切です。

7章

「見える化」で
ミス防止

「業務の見える化」でヌケモレをなくす

　ミスゼロを目指す上で、新入社員のうちに身につけておきたい習慣の最たるものが、「見える化」です。

　これまでも折に触れて登場してきた見える化ですが、改めて見える化とは何かを説明しましょう。

　「見える化」とは、現場の状況や業務、問題を常に見えるようにしておくことで、個人やチームが自律的・主体的に動ける状態をつくることです。

　見える化という言葉自体はあまり馴染みがないかもしれません。しかし、これは何も特別なことではなく、誰もが普段の生活で実践していることです。

　例えば、

・スケジュール帳に予定を書く

・やるべきことをToDoリストに書き出す

・先輩から教えてもらった仕事のやり方をメモする

・顧客リストを一覧にまとめる

　これらはすべて、見える化です。頭の中で記憶しているものを、ノートやホワイトボード、カレンダーなどにいったん書き出す作業が、見える化なのです。

　スケジュールやToDoが常に見える化されていれば、それに沿って仕事を進めていくだけで、仕事のヌケモレやうっかり忘れを防ぐことができます。

　反対に、見える化せずに、自分の曖昧な記憶に頼りながら

仕事を進めていけば、ヌケモレややり忘れなどのミスにつながってしまいます。

　新人がまず取り組むべき見える化は、「**道具の見える化**」と「**業務の見える化**」です。

　まず、「道具の見える化」ですが、道具には書類、PCデータ、備品があります。これらが必要なタイミングですぐに取り出せるよう、「**おのずと定置管理されるような行動を促す**」という視点で見える化を行ないます。30ページや117ページで紹介したものは、道具の見える化の事例です。

「業務の見える化」は、段取りを立てるためには必ず必要な作業です。自分の担当業務や、それに関わるToDo、仕事のスケジュール、求められる品質、顧客からのクレームなどを**書き出して見える状態にして**おき、仕事を効率よくマネジメントしていきましょう。

　本章では、見える化の具体的な手法を紹介しますが、できるものからすぐに日々の仕事に取り入れることをおすすめします。自分の業務や顧客、関係者の情報を見える化して、仕事に効果的に活かしていけば、「あなたに任せておけば安心」と上司や顧客から信頼されるビジネスパーソンになれるでしょう。

44

「気づく→わかる→できる」
ように見える化しよう

▎1枚のチェックシートにまとめる

　見える化は、ただ頭の中で記憶していることを書き出せば
いい、というものではありません。

　個人やチームが自律的・主体的に動ける状態をつくるに
は、「気づく→わかる→できる」の流れがおのずと生まれる
ような見える化の工夫が必要です。

　「業務の見える化」の一例として、あなたが「会議の準備」を
任されていると仮定し、その業務の見える化を考えてみます。

　会議の準備と一言で言っても、そのためにすべきタスクは
たくさんあります。出席者の確認や会議室の予約にはじま
り、進行表の作成、看板や席札の準備、配布資料の作成・印
刷、テーブルの設営……。

　タスクをすべて書き出すだけでは、いつ、何をやればいい
のかわかりにくいので、もう一工夫を加えます。**タスクをや
るべき順番（時系列）に並べ、「いつやるか」も記入できる
チェックシートに加工する**と、右ページのようになります。
この例では、「事前」から「会議終了後」まで5段階に分け

会議準備シートの例

会議準備チェックシート					
会議名					
会議実施日			時間		
場所			担当者		

	準備めやす	予定日	実施日	完了	項目（準備の目安）	備考・メモ
事前	7日前まで	/	/	☐	出席者の確認	
	7日前まで	/	/	☐	会議室の予約	
	7日前まで	/	/	☐	お茶注文	
	7日前まで	/	/	☐	プロジェクター、PC、接続ケーブル、マイクの予約	
一週間〜会議前日まで	5日前まで	/	/	☐	議事次第、進行予定表、参加者リスト素案作成	
	3日前まで	/	/	☐	ホワイトボードマーカーのインク注文・補充	
	3日前まで	/	/	☐	テーブル、イスの数（出席予定数より多めに準備）	
	3日前まで	/	/	☐	テーブルレイアウト確認	
	3日前まで	/	/	☐	受付の要・不要（要の場合⇒場所・準備物）	
	4日前まで	/	/	☐	役割（司会、議長、記録など）の確認	
	3日前まで	/	/	☐	看板、案内札、席札の準備	
	2日前まで	/	/	☐	リマインドメール作成・送信	
	2日前まで	/	/	☐	配布資料の印刷、席札データ作成・印刷	
当日〜会議開始まで	1時間前まで	/	/	☐	マイク・スピーカーの設営・動作確認	
	1時間前まで	/	/	☐	プロジェクター、PC、接続ケーブルの設営・動作確認	
	30分前まで	/	/	☐	看板、案内札、テーブル、席札の設営	
	30分前まで	/	/	☐	室内の環境（換気・照明・空調など）の確認	
	開始まで	/	/	☐	資料の配布	
	開始まで	/	/	☐	お茶の配布	
	開始まで	/	/	☐	出席チェック	
会議中	適宜	/	/	☐	飲み物チェック	
	適宜	/	/	☐	室内の環境（換気・照明・空調など）の調整	
	適宜	/	/	☐	追加準備物の確認	
会議終了後	終了すぐ	/	/	☐	忘れ物（テーブル上・下、椅子）のチェック	
	終了すぐ	/	/	☐	備品の片づけ、会議室の現状復帰	
	退室時	/	/	☐	空調・照明の電源の切り忘れ、戸締りなど確認	
	1週間以内	/	/	☐	議事録の作成・承認・全参加者へ送信	

ていますが、業務ごとに適切な分け方を工夫してみてください。

　このチェックリストをつくるメリットは、「会議の準備は１週間以上前からはじめないといけないな」「やるべきことが結構あるな」ということに「気づく」こと。そして、**会議までのそれぞれのタイミングで何をやればいいのかが具体的に「わかる」**こと。さらに、**予定日と実施日を書き込み、完了後にチェックを入れていけば**、おのずと準備が「できる」こと。チェックシートを見ながら作業を進めていくだけで、「気づく→わかる→できる」のステップでヌケモレなく仕事が完了できる仕組みです。

　チェックリストは、複数枚にせず、**１枚にまとめる**ことがポイントです。１枚にまとめられているから、パッと見るだけで、瞬時に気づき、わかって、実行に移すことができるのです。

書類の定置管理は色と形でひと工夫

　もうひとつ、「道具の見える化」の例として、**書類管理を**やりやすくするための見える化の事例を紹介しましょう。

　共有ファイルを棚で管理している会社は多いと思いますが、使用後も共有ファイルがどこかに放置されて、棚の元の場所に戻されていないと、次にそのファイルを使いたい人が必要な時に使えず、とても困ります。

　そこで、共有ファイルの定置管理を徹底するために効果的なのが、**色と形を活用した見える化の手法**です。

　やり方としては、ファイルを正しい順番に並べた上で、背表紙に色テープを斜めに貼ります。複数段ある場合は、段ごとに色を変えます。たったこれだけです。

　この方法なら、いったん棚から取り出したファイルも、背表紙のテープの色を見れば、どの棚に戻せばいいか一目瞭然です。そして、テープの位置を合わせるだけで、おのずと元の位置に戻すことができます。

　このように、個人やチームが自律的・主体的に動ける状態をつくっていきましょう。

共有ファイルの定置管理

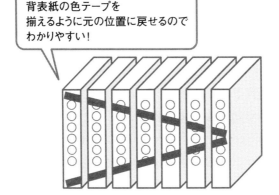

背表紙の色テープを
揃えるように元の位置に戻せるので
わかりやすい!

45

毎日、毎週、毎月、毎年の
定型業務を見える化しよう

定型業務は鳥の目と虫の目で見える化しよう

皆さんの仕事には、上司や先輩からその都度頼まれる仕事のほかに、**毎日必ず行なうことや、定期的に発生する担当業務**があるはずです。特に入社して1年目は、毎朝の郵便確認や、観葉植物の定期的な水やりなど、職場の誰かが必ずやるべきルーティンの仕事を任されることからスタートすることも多いでしょう。

いつもやることややり方が決まっている仕事のことを、「定型業務」と言います。新入社員の皆さんは、まずは定型業務を見える化することからはじめてみましょう。

仕事が発生する頻度によって、「日で考える仕事」「週で考える仕事」「月で考える仕事」の3つに分類し、それぞれどの仕事をいつ行なうかを表にまとめていきます。

表のつくり方は、毎日の仕事であれば、**縦軸に毎日の定型業務を書き出し、横軸に時間を30分刻みで記載し、どの業務をどの時間帯にやるのかを黒丸で表示します**（右ページ参照）。

これを見れば、「9時に出社したら、まずやることは、郵

■ 日で考える仕事

仕事内容	9:00	9:30	10:00	10:30	11:00	11:30	12:00	13:00	13:30	14:00	14:30	15:00	15:30	16:00	16:30	17:00
郵便確認	●							●								
受領報告								●								
留守電確認・解除	●															
デスクまわりの掃除・ポット準備	●															
チームの予定確認	●															
メールチェック		●														
メール返信		●	●	●				●				●		●		
郵便物開封								●								

便確認、留守電確認と解除、デスクまわりの掃除とポットの準備、チームの予定確認……」と一目瞭然なので、やり忘れを防ぐことができます。

　毎週、毎月の仕事も同じ要領で見える化します。

年間の定型業務も一覧にしよう

　次に、もう少し長期的な視点で自分の担当業務を捉え、年間で行なう定型業務についても見える化を行ないましょう。

　年間で行なう仕事は、短期周期の定型業務よりも、時間も手間もかかる傾向があります。例えば、年賀状送付の業務な

ら、翌年の年賀状を準備するのに、その年の9月頃から顧客や取引先の名簿を精査し、10月に年賀状のデザインを決め、11月に印刷・納品となります。このように作業が数ヶ月に及ぶものもあります。年に1回、半年に1回、四半期に1回の業務についても、それに付随する細かな作業を洗い出し、スケジュールを作成します。

1年目は上司や先輩に教わりながら進めていく年間業務も、2年目からは、あなたが主体的に取り組むことが求められます。そのために必要な仕事の全体感をつかむ上でも、年間業務の見える化は役立ちます。

また、**年間業務はたまにしか発生しないので、手順やタイミングを忘れるなど、ヌケモレが生じがちです。**うっかりスタートが遅れて慌てないためにも、ぜひ見える化しておきたいものです。

1年目は、年間業務の全体像をつかむことが難しいので、上司や先輩に「年間を通してどんな仕事が発生するのでしょうか?」と質問しながら業務の見える化に取り組むとよいでしょう。

毎日、毎週、毎月という短期視点と、1年という長期視点の両方で仕事を見える化し、いつ何をやるかを自分で把握し、マネジメントして、仕事のやり忘れをなくしていきましょう。

■ 週・曜日で考える仕事

仕事内容	月	火	水	木	金	土	日
掃除機かけ	●						
観葉植物水やり	●			●			
食器布巾洗濯					●		
朝礼当番	●						

■ 月で考える仕事

仕事内容	1	2	18	19	20	21	22	23	24	25	26	27	28	29	30	31
請求書チェック						●	●	●	●					●	●	
請求書発送							●	●							●	
業務報告書チェック			●	●	●				●							
コーヒー、お茶、砂糖確認								●								●
小口精算の集計	●															
金庫残高確認	●															
切手・印紙補充									●							
経費支払チェック												●	●	●		
月次定例会議準備						●										

46

仕事の進捗を
見える化しよう

ガンチャートで見える化する

仕事を効率的にマネジメントするには、「どの仕事をいつやるか」だけでなく、「**その仕事がどこまで進んでいるのか（仕事の進捗）**」も見える化しておく必要があります。

仕事に慣れてくると、ちょっとした頼まれ事だけでなく、あなたが主担当となって取り組む仕事も増えていきます。

どの仕事が未着手で、どの仕事が上司の確認待ちなのか。仕事の進み具合をひと目でわかる状態にしておくことで、複数の仕事を効率的にマネジメントすることができます。

紙の書類の多い会社なら、113ページで紹介した、「未処理」「進行中」「処理済み」の3つの書類ボックスによる管理がおすすめです。案件ごとにまとめたクリアファイルに納期を記した付せんを貼っておけば、「**あ、この仕事はそろそろはじめないと納期に間に合わないな**」と自分で気づくことができます。

また、仕事の進捗を見える化しておけば、上司もサポートしやすくなります。例えば、未処理のボックスに書類が溜まっていたら、「何かわからないことでもあるの？　相談に乗るよ」と上司が助け舟を出すこともできます。

　複数のメンバーがチームでプロジェクトに取り組む時も、スムーズな連携のためには進捗の見える化が不可欠です。代表的な方法として、ガントチャートを紹介しましょう。

　縦軸に作業分担と担当者、横軸に時間の流れを記し、各メンバーの作業分担と、それらをどのタイミングで行なうのかを、チーム内の関係性の中で見える化していきます。担当者の作業が終了したら、「済」の判子を押していきます。

　このチャートがあると、「今は○○さんの作業中だから、自分の作業はもうすぐだな」とわかるので、仕事の段取りがしやすくなります。ぜひ活用してみてください。

■ プロジェクトガントチャート

項目		第1週	第2週	第3週		第8週	第9週	第10週
	担当者	4/1〜	4/8〜	4/15〜		5/6〜	5/13〜	5/20〜
概要提案	木村	済						
写真・資料等の収集	黒田			済				
会社ロゴ作成	中川							
内容・デザインの作成	田中							
サーバーの選択	長谷川							
プレゼンテーション	木村							
作成作業	中川							
確認	木村							
修正作業	中川							
検収	田中							

47

仕事の出来栄え基準を見える化しよう

チェックシートをつくる

仕事の質は、仕事を指示・依頼する上司やお客様の出来栄え基準を理解しているかどうかで、大きく変わってきます。

出来栄え基準とは、90ページでも説明しましたが、完成イメージのことです。これを満たしていない仕事は、どんなに時間と手間をかけても、相手から評価されず、やり直しを求められてしまいます。

単発的に発生する仕事については、出来栄え基準を上司にその都度確認する必要があります。

一方、定型作業など日常的に発生する仕事については、出来栄え基準を見える化し、いつでも参照できるようにしておくとよいでしょう。

例えば、日常的に発生する電話対応にも、求められる品質があります。それを見える化したものの一例が、201ページのチェックシートです。

このチェックシートには、会社の顔としてお客様に対応する上で注意すべきポイントが記されています。

　これを参考にして、あなたの会社や仕事に合った電話対応の出来栄え基準を見える化してみてはいかがでしょうか。

　毎朝、その日の予定をスケジュールに記入しているなら、その書き方にも出来栄え基準があるはずです。

　例えば、「13時から17時まで作業」と書くだけでは、ざっくりしすぎて、具体的に何の作業を行なうのか明確ではありません。**曖昧すぎる計画は、ダラダラ仕事を生み、納期遅れやヌケモレなどのミスにつながります。**

　スケジュール記入の出来栄え基準を知るには、作業内容をどれくらい細分化して書くのがよいのかを上司と相談しながら、一度スケジュールを一緒につくってみることをおすすめします。

　提出物に対する上司の赤入れにも、出来栄え基準を知るためのヒントがあります。上司から指摘された内容を、自分が書いたものと比較して、何が違うのか分析してみましょう。

　例えば、顧客向けに開催したイベントの報告書を上司に提出したところ、上司からの指摘と共に、再提出を求められたとします。上司の指摘に沿って修正するだけでなく、**指摘の理由を自分なりに分析してみる**と、多くの気づきが得られるはずです。

　「結果だけ書いても、イベントの様子は伝わりにくいんだな」

「プロセスを書くことで、読む人の納得が高まるんだな」「参加者の生の声があると、より説得力があるんだな」といった気づきがあれば、次からはその視点を意識することで、上司の期待する質の高い仕事に近づけていくことができます。

上司から指摘されたことは、その場で改善して終わりにせず、「自分の視点とは何が違うのか」「自分の視点に足りないものは何か」を言語化することで、次に活かすことが大切です。

もし、上司からの指摘の理由がわからなければ、「私の報告書にはどういう視点が足りなかったのでしょうか」と上司に質問して確かめてみましょう。

ベストプラクティスを参考にする

過去に評価の高かった先輩の提出物を参考にするのも、出来栄え基準を知るよい方法です。社内を巻き込んだ改善運動の提案書、競合他社とのコンペで受注を勝ち取った際の企画書、大ヒット商品の企画書……、など社内に資料が残っていれば、先輩に頼んでぜひ見せてもらいましょう。

高評価の仕事には、それなりの理由があるはずです。その理由を自分なりに分析する、もしくは、わからなければ先輩に聞いてみる。そうやってベストプラクティス（成功事例）を知ることで、上司や顧客に満足される質の高い仕事とはどんなものかが理解できるようになります。

● 電話応対の出来栄え基準を知る

電話応対ロールプレイング・チェックシート

〈評価〉A：非常によい　　B：よい　　　C：ふつう　　D：もう少し

	チェックポイント	評価	コメント
最初の印象	会社名の名乗り ⇒声の表情、スピードは適切か	A　B　C　D	
	挨拶 ⇒事務的ではなく、好印象か	A　B　C　D	
語調・語感	声の大きさ ⇒聞き取りやすいか	A　B　C　D	
	話すスピード ⇒相手に合わせているか	A　B　C　D	
	発音・歯切れはよいか	A　B　C　D	
言葉遣い	正しい言葉を使っているか	A　B　C　D	
	クッション言葉を使っているか	A　B　C　D	
傾聴姿勢	相づち ⇒適切な言葉、タイミングか	A　B　C　D	
	復唱確認はできているか	A　B　C　D	
	要点を把握し、提案しているか	A　B　C　D	
最後の印象	終わりの挨拶 ⇒感謝の気持ちは伝わるか	A　B　C　D	
	担当者名の名乗りはできたか	A　B　C　D	
【全体的な印象・よい点・改善点など】			

48

業務の全体像を
見える化しよう

任された仕事の位置付けを知る

　自分の仕事を本当に理解するには、チーム全体や部門全体の業務の中での**位置付けを知る**ことが大いに役に立ちます。

　例えば、あなたが採用チームに配属されたとします。最初のうちは、「採用業務のうち、この部分の担当をお願いね」と、部分的に仕事を任され、上司や先輩に教わりながら覚えていくことになるでしょう。採用の仕事なら、会社説明会を開催するための会場の確保と、会場のレイアウト、設営の準備を担当する、といった仕事が出てくるでしょう。

　このやり方で仕事を覚えていくと、担当部分の仕事は理解できるようになりますが、採用業務の全体がどうなっているのかはなかなかつかめません。なぜなら、**部分的な情報を積み上げても、全体像の把握にはつながらない**からです。

　全体像が把握できなければ、主体的に動きにくく、いつまでも上司や先輩の指示がなければ動けないことになります。

　そこで、ぜひおすすめしたいのが、業務の全体像の見える化です。205ページのように、チームや部門全体の仕事をツリー状に書き出してみましょう。

ひと目でわかる仕事の全体像をつくろう

コツは、大分類から中分類へ、2段階で分けること。そして、ひと目でわかるように1枚にまとめるのがポイントです。

例えば、採用に関わる業務をツリー状に書き出すと、採用の仕事は、採用計画、採用活動、採用の3つに大分類できます。さらに、それぞれの業務にはどんなタスクが紐付いているのかを書き出していきます。

こうやって全体像を俯瞰してみると、会社説明会の開催に関わる仕事は、採用活動の一環であり、採用活動にはほかにも募集や説明者のスケジュール調整などのタスクがあることがわかります。

業務の全体像が把握でき、自分の担当業務との関連性がわかると、全体最適を考えた気の利く仕事ができるようになります。

完成した業務ツリーを見て、こんな気づきが生まれるかもしれません。「そうか、会社説明会の開催は、募集してから行なうのか。だったら、募集人数が多くなると、会場を広げなければならない可能性もありそうだな」という具合です。

そして、上司にこんな質問もできるでしょう。「この大きさの会場を押さえる予定ですが、学生さんの応募状況によっては、もっと広い会場が必要になる可能性もありますか?」「その可能性はあるね」と上司が答えたら、「では、念のためにひとまわり大きな会場も仮押さえしておきますね」と気

の利いた提案ができるというわけです。

　自分の担当業務の前後にどんな業務があり、それらがどのように関連しているのかを理解することで、**先の展開を読みながら、主体的に仕事に取り組むことができる**ようになります。

手持ちの仕事を見える化する

　新入社員は、上司や先輩からの頼まれ仕事が何かと多いものです。自分が予定している仕事をまわりの人にわかるようにしておくことで、仕事を引き受け過ぎて首がまわらなくなる事態を防ぐことができます。

　83ページでは、自分のスケジュールを見える化する方法を紹介しましたが、ここでは、頼まれ仕事の状態がひと目でわかる「仕事の見える化シート」を紹介します。

　このシートは、1日が**午前と午後に分かれていて、依頼者ごとに仕事の内容を付せんで貼る**ようになっています。これを見れば、午前中には誰からどんな仕事を頼まれているか、追加で仕事を引き受ける余裕があるのかないのかが一目瞭然です。

　また、追加で仕事を頼まれた時に、「午後はこれだけの仕事を抱えているので、これ以上の仕事を引き受けるのは難しいです。明日ではいかがでしょうか」と交渉する材料になります。

　仕事の見える化は、自分自身の仕事量を正しく把握してマネジメントする目的がひとつ。そして、どれだけの仕事を抱えているかをまわりの人に知ってもらうことで、適切な仕事

量でまわせるよう協力を得る目的がひとつ。この 2 つの目的
を意識して、仕事の見える化に取り組みましょう。

● 業務ツリー

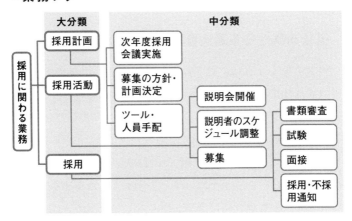

● 頼まれ仕事を見える化する「仕事の見える化シート」

担当者	AM		PM	
工藤さん	A社様 見積もり回答		返品処理	
多田さん			カタログ最新版 送付　5件	C社様 見積もり回答
柏木さん	市原様 FAX送信	B社様 見積もり回答	ACT様 注文	

49

退社時間を見える化して残業をなくそう

退社時間を守る工夫をしよう

　残業をなくすには、終了時間（退社時間）を決めて、「それ以降は仕事をしない」という覚悟で1日の仕事をマネジメントしていくことが大事だと75ページで述べました。

　しかし、終了時間を自分で決めるだけでは、「やっぱりキリのいいところまで終わらせてしまおう」という気持ちになって、自分への約束を破ってしまうかもしれません。

　自分で決めた退社時間をなし崩しにしないためには、自分と約束するだけでなく、自分やまわりに見える形にして、**自分への意識付けや注意喚起を行なう**と効果的です。

　ある会社では、「17：30にカエル」などと、退社予定時刻の書かれたカエルのイラストつきの札を使って、定時での退社をまわりに宣言し、残業削減に取り組んでいました。定時に帰ると覚悟を決めた日は、朝出社したらすぐ、カエルの札をデスクの見える位置に立てます。そうすると、何がなんでも定時までに仕事を終わらせようという気になるので、残業削減に効果があったそうです。

退社時間が近づいたら、自分のPCの画面上に「あと30分で退社です」といったメッセージをポップアップさせ、自分への注意喚起を行なうのも一案です。

効果的な事例

私たちが支援を行なった会社で効果があったのは、1日のスケジュールの予定と実績を見える化する方法です。

やり方を説明すると、まず予定記録シートの「予定欄」に、その日の予定を細かく記入します。そして、1日が終わったら、実際はどうだったのかを「記録欄」に記入し、予定と実績を比べます。

仮に、その日の終了時間が予定よりも2時間ずれ込んだのなら、「2時間のズレはなぜ生じたのか」を検証していきます。そこで、「午前中に割り込み仕事が多かったな」とか、「この作業の所要時間の見積もりが甘かったな」などと気づきがあれば、それもシートに書いていきます。

これらの気づきを翌日以降の段取りに活かしながら、「今日こそは予定と実績の乖離を1時間内に収めよう」といった目標を立てて、ギャップを縮めていくのです。

この会社でこの活動を3ヶ月継続したところ、会社全体でひとり2時間の残業削減に成功しました。特に本社では、おおむね定時の18時に帰れる職場が実現したのです。スケ

ジュールの予定と実績を見える化することで、気づきが生まれ、仕事の進め方が改善され、1日の生産性も上がりました。

　最後に紹介するのは、メンバーの退社時間をチームで共有し、チームで残業を減らしていく方法です。

　退社時間記録シート（右ページ）に、各メンバーが実際の退社時間を毎日、毎週記録していきます。この例では、「定時18時、目標退社時間が18時半」と設定されていて、18時半を超えて残業した日が白く表示されています。

　退社時間を見える化すると、誰に残業が多いかひと目でわかります。そこから、「もしかすると、残業の多い田中さんに仕事の負荷がかかっているのかもしれない」といった気づきが生まれ、まわりの人がサポートしたり、チームで仕事量をならしたりする動きにつながることもあります。こうやってチーム全体で退社時間を共有することで、残業削減をチームの課題として取り組みやすくなる効果があります。

　以上のように、退社時間の見える化にはいろいろな方法があります。あなたの職場に合ったやり方を提案し、実践してみてはいかがでしょうか。

● 退社時間記録シート

退社時間記録シート

8月20日～8月24日

定時終業時間⇒	18:00
目標退社時間⇒	18:30

部署名： 営業1課

氏名	8月20日 (月)	8月21日 (火)	8月22日 (水)	8月23日 (木)	8月24日 (金)	コメント
山田	19:00	19:00	18:00	18:50	19:20	
本山	18:30	18:20	18:00	18:40	18:30	やはり木曜日が ネックです
田中	20:00	19:20	18:00	19:40	19:10	例外対応に 追われた
古川	18:20	18:00	18:00	18:40	18:10	順調です!

50

「集中タイム」を
見える化しよう

▌割り込み仕事を防ぐ「集中タイム」

上司や先輩からの割り込み仕事をあれもこれもと安請け合いしていると、キャパオーバーになって、ミスや納期遅れの原因になります。それを防ぐには、割り込みに対して交渉することも時には必要だと82ページでお伝えしました。

割り込み仕事の弊害は、他にもあります。せっかく高めた集中力を途切れさせてしまうことです。

例えば、請求書作成のような、数字の間違いが許されない作業をしている途中で、上司から割り込み仕事が入ると、集中力が途切れてしまいます。再び請求書作成に戻った時に、うっかり数字を間違って入力してしまうかもしれません。

集中力が必要な仕事には、誰にも邪魔されない時間が不可欠です。 1日のうちで1時間でもいいから、誰にも邪魔されない時間を確保して、集中力の必要な仕事をその時間内に片づけるようにすれば、ミスはかなり減らせます。

とはいえ、こちらの都合などお構いなしに割り込み仕事が入ってくる状況で、どうすれば誰にも邪魔されない時間を確保することができるでしょうか。

　私がおすすめするのは、「**集中タイム**」を設定することです。集中タイムとは、「**割り込み仕事はお断り**」という時間のことです。

　集中タイムの実践には、まわりの協力が不可欠です。「この時間は集中して作業しているので、声はかけないでほしい」ことをまわりに知らせ、理解してもらわなければ、割り込み仕事はなくなりません。

　そこで、見える化の出番です。

　ある会社では、集中タイムの時間になると、「集中しています。そっとしておいてください」と書かれた札を椅子の後ろにぶら下げています。ただ単に「集中タイム」と書かれているだけでは、一方的で高圧的な印象を与えてしまいますが、「そっとしておいてください」という柔らかな口調だと微笑ましいですし、相手への配慮も感じられますね。

　文字だけでなく、色やアイコンを使うのも効果的です。

　例えば、「止まれ」や「待った」を意味する手の平のイラスト。これが椅子の後ろにぶら下がっていたら、つい気軽に声をかけようとした人も、一瞬立ち止まる効果がありそうです。

　また、黄色には注意を引きつける効果、赤には立ち止まらせる効果があります。

　こうした色やアイコンを使って、行動が即イメージできる

ような見える化の工夫をしてみてはいかがでしょうか。

上手に提案して取り入れよう

集中タイムをつくりたいけれど、上司や先輩になかなか言い出せない、という人も多いかもしれません。そこで、どのように提案すれば上司や先輩を説得できるか考えてみたいと思います。

ただ単に「集中タイムをやらせてください」とお願いするだけでは、「それで効果はあるの？」と疑問を投げかけられて、上司から「イエス」を引き出すのは難しいかもしれません。

まわりを巻き込んで新たなことをはじめるには、まわりの納得を得る必要があります。そのためには、提案に至った「背景」、それを行なう「目的」、それを行なうことによる「効果」、具体的な「方法」を道筋立てて伝えることが大切です。

例えば、次のように提案することができます。

「社員一人ひとりが、残業を削減し、かつミスのない仕事を実現することを会社から求められています（背景）。私としても、質とスピードを両立する働き方を実現するために、何か工夫できないかと考えました（目的）。そこでご提案したいのが、『そっとしてほしいボード』の活用です。このボードを掲げている間は、まわりから邪魔されない集中タイムとします（方法）。集中タイムを1日に1時間でも各メンバーが確保することで、その時間は割り込みされず、集中して作

業が行なえるので、ミスも減ります（効果）。ですから、この『そっとしてほしいボード』の導入を認めていただきたいのですが、いかがでしょうか」

　このように提案できたら、あなたの意図が上司に正しく伝わるのではないでしょうか。案外、アイデアが新鮮に映って、「面白い！　今すぐにはじめよう」と賛同を得られるかもしれません。

　集中タイムの見える化で、一人ひとりのミスがなくなり、仕事の質とスピードを上げることができれば、チーム全体にもメリットがあります。その効果をアピールして、周囲を説得していきましょう。

■「そっとしてほしいボード」

本書を最後まで読んでいただき、ありがとうございます。

さあ、何から取り組んでみますか？　迷っている方は、まずは基本行動の徹底をおすすめします。「整理整頓・時間厳守・挨拶の徹底」。仕事の土壌を整えることが、ミスをなくす第一歩だからです。

また、仕事はひとりで完結するものではなく、まわりの協力があってこそです。目の前のことに必死になるだけではなく、「この仕事は全体の流れの中で、どういった役割を果たしているのだろうか」「次工程の人に、思いやりのバトンを手渡すには、どうすればよいのだろうか」とまわりに関心を持つことが、ミスを減らし、チームの生産性を上げることにつながります。

忙しそうな人がいれば、「何か手伝いましょうか」と声をかけてみる。「この日が期限なら、私はその2日前までに仕上げて渡すようにしますね」と、次工程の人との連携を考慮する。このように、新人の皆さんから発信したり、まわりとコミュニケーションを取り、視野を広げていくことも大切です。「発信なくして受信なし」。自分の仕事の状況をまわりに伝えたり、チームで共有すべき情報の発信をあなた起点で行なうことで、まわりからの有益な情報やサポートも増え、仕事が格段にやりやすくなるでしょう。

　そして、個人や企業を取り巻く環境が目まぐるしく変化する今の時代は、アンテナを高くし、変化に気づくこと。そのためには、例えばいつも同じ人と付き合うよりも、いろいろな人たちと交わる機会を自分からつくり、多様な価値観に触れることで、自分の世界が広がります。

　すると、「これはこういうものだ」という思い込みやこだわりが薄れていき、環境の変化に取り残されることなく、変化の波に乗っていくことができるはずです。気づいたことや感じたことを、空気を読みすぎずに、まわりへ発信することで、職場に新しい風を呼び起こすこともできるに違いありません。

　ミスをしないためにと"守り"に入るだけではなく、新たな価値を生み出していくことも、これからの時代は大切です。読者の皆さんが、多様な人たちとつながり、協働し、楽しみながら仕事に取り組まれることを願っています！

　2021年2月　　　　　　　　　　　　　　　　藤井美保代

著者略歴

藤井 美保代（ふじい みほよ）

株式会社ビジネスプラスサポート　代表取締役

「ミスをなくすことで、自分もまわりも快適に心地よく効率的な仕事ができる！」という信念のもと、ミスゼロ仕事実現の研修・セミナー・コンサルティングを多くの企業に提供。ミスゼロを通じてリモートワークやワーケーション推進支援にも力を入れ、豊かな人生実現に通じる働き方の提唱を行なっている。

単なるスキルや知識、ノウハウを教えるだけではなく、それらを根付かせるために必要な姿勢からしっかりと伝えてくれると評判。「経験や実績がなければ自らがつくる」をモットーに、迷えるビジネスパーソンの背中を押すことで、行動変容支援にも力を注いでいる。著書に『仕事が効率よくスムーズに進む！　事務ミスゼロのチェックリスト50』（同文舘出版）、『失敗を未然に防ぐ　仕事のミスゼロ100の法則』（日本能率協会マネジメントセンター）、『仕事で「ミスをしない人」と「ミスをする人」の習慣』（明日香出版社）ほか多数。

監修

株式会社ビジネスプラスサポート

"輝く人財づくりを支援する"を理念に、「仕事の生産性向上」「働きがい向上」「キャリア開発」の分野で、人と組織が豊かで幸せになるための人財育成支援を行なっている。単なる知識やスキルだけではなく、豊かな人間性やセンスを磨くための考え方や行動についても啓蒙している。　　https://j-bps.com/

新人のための「仕事のミスゼロ」チェックリスト50

2021年2月18日　初版発行

著　者 —— 藤井美保代

監修者 —— 株式会社ビジネスプラスサポート

発行者 —— 中島治久

発行所 —— 同文舘出版株式会社

東京都千代田区神田神保町 1-41　〒101-0051
電話　営業 03（3294）1801　編集 03（3294）1802
振替 00100-8-42935
http://www.dobunkan.co.jp/